ÚPLNÝ STŘEDO VÝCHODNÍ VEGETARIÁN

Pozvedněte svou chuť pomocí 100 blízkovýchodních vegetariánských receptů

Ján Zíka

Materiál chráněný autorským právem ©2024

Všechna práva vyhrazena

Žádná část této knihy nesmí být použita nebo přenášena v jakékoli formě nebo jakýmikoli prostředky bez řádného písemného souhlasu vydavatele a vlastníka autorských práv, s výjimkou krátkých citací použitých v recenzi. Tato kniha by neměla být považována za náhradu lékařských, právních nebo jiných odborných rad.

OBSAH

- OBSAH 3
- ÚVOD 7
- **SNÍDANĚ** 8
  - 1. Chléb (Khubz Ragag) 9
  - 2. Chebab (palačinky) 11
  - 3. Laban (jogurt) s datlemi 13
  - 4. Khabeesa 15
  - 5. Z jogurtu a datlí 17
  - 6. Sardinka a bramborová kaše 19
  - 7. Plné Medames 21
  - 8. Maldouf FlatBread 23
  - 9. Shakshuka 25
  - 10. Manoushe (syrský plochý chléb se Za'atarem) 27
  - 11. Ka'ak chléb 29
  - 12. Fatteh (syrský snídaňový kastrol) 31
  - 13. Syrský Flatb četl 33
  - 14. Labneh a Za'atar Toast 35
- **SVAČINKY A PŘEKRMY** 37
  - 15. Rozmanité datlové talíře 38
  - 16. Faul 40
  - 17. Samosa 42
  - 18. Chipsy Khubz (Flatbread) 45
  - 19. Datle s mandlemi 47
  - 20. Falafel 49
  - 21. Špenátový Fatayer 51
  - 22. Plněné cibule 53
  - 23. Latkes 56
- **DIPY A ŠÍŘENÍ** 58
  - 24. Muhammara (syrská pálivá paprika) 59
  - 25. Baba Ghanoush 61
  - 26. Syrský hummus 63
  - 27. Pomazánka na máslovou dýni a tahini 65
  - 28. Hummus s piniovými oříšky a olivovým olejem 67

29. Za'atar a dip z olivového oleje 69
30. Laban Bi Khiar (jogurtový a okurkový dip) 71
31. Musabaha (cizrna s hummusem) a pita 73

HLAVNÍ CHOD 76

32. Mejadra 77
33. Na'ama je tlustá 80
34. Baby špenátový salát s datlemi a mandlemi 82
35. Pečená máslová dýně se za'atarem 84
36. Míchaný fazolový salát 86
37. Slaw z kořenové zeleniny s labneh 88
38. Smažená rajčata s česnekem 90
39. Smažený květák s tahini 92
40. Tabbouleh 95
41. Sabih 97

POLÉVKY 100

42. Shorbat Khodar (zeleninová polévka) 101
43. Zeleninová Shurbah 103
44. Polévka z řeřichy a cizrny s růžovou vodou 105
45. Horká polévka z jogurtu a ječmene 107
46. Pistáciová polévka 109
47. Spálený lilek a polévka Mograbieh 111
48. Rajčatová a kvásková polévka 114

SALÁTY 116

49. Salát z rajčat a okurky 117
50. Cizrnový salát (Salatat Hummus) 119
51. Salát Tabbouleh 121
52. Fattoush salát 123
53. Salát z květáku, fazolí a rýže 125
54. Datle a ořechový salát 127
55. Salát z mrkve a pomeranče 129
56. Quinoa salát 131
57. Salát z červené řepy a jogurtu 133
58. Zelný salát 135
59. Čočkový salát (reklamy na salát) 137

60. Kořeněná cizrna a zeleninový salát 139
61. Salát s pečeným květákem a lískovými oříšky 142
62. Pikantní mrkvový salát 144
63. Salát z petrželky a ječmene 146
64. Masový salát z cukety a rajčat 148

DEZERT 150

65. Pudink z růžové vody (Mahalabiya) 151
66. Halwa (sladký želé dezert) 153
67. Mushaltat 155
68. Rande dort 158
69. Pudink Qamar al-Din 160
70. Kardamomový rýžový pudink 162
71. Luqaimat (sladké knedlíky) 164
72. Růžové sušenky (Qurabiya) 166
73. Dort s banánem a datlí 168
74. Šafránová zmrzlina 170
75. Smetanový karamel (Muhallabia) 172
76. Mamoul s datlemi 174
77. syrská Namora 177
78. Brownies syrské datle 179
79. Baklava 182
80. Halawet el Jibn (syrské sladké sýrové rolky) 184
81. Basbousa (krupicový dort) 186
82. Znoud El Sit (syrské pečivo plněné smetanou) 188
83. Mafroukeh (krupicový a mandlový dezert) 190
84. Červená paprika a pečené vejce Galettes 192
85. Bylinkový koláč 195
86. Burekas 198
87. Ghraybeh 201
88. Mutabbaq 203
89. Šerbat 205

NÁPOJE 207

90. Kašmír Kahwa 208
91. Mátová limonáda (Limon w Nana) 210
92. Sahlab 212

93. Tamarindový džus (Tamar Hindi) 214
94. Limonáda z růžové vody 216
95. Šafránové mléko (Haleeb al-Za'fran) 218
96. Mocktail z granátového jablka 220
97. Šafránová limonáda 222
98. Skořicový datlový koktejl 224
99. Kokosový kardamomový koktejl 226
100. Mátový zelený čaj 228

ZÁVĚR 230

ÚVOD

Vydejte se na gastronomickou cestu pulzujícím a chutným světem blízkovýchodní kuchyně s "Úplným blízkovýchodním vegetariánem." Tato kuchařka je vaší branou k bohaté tapisérii vegetariánských lahůdek, kde se odvážné koření, čerstvé bylinky a zdravé ingredience spojují a vytvářejí symfonii chutí, která pozvedne vaše patro. Tato kolekce se 100 pečlivě vytvořenými recepty vás zve k ochutnání esence blízkovýchodní vegetariánské kuchyně.

Představte si rušné trhy, vzduchem se line vůně exotického koření a radostná setkání, kde jsou jídla oslavou hojnosti a společenství. "Úplný blízkovýchodní vegetarián" není jen kuchařka; je to kulinářský průzkum, který se ponoří do rozmanitých a starodávných tradic rostlinného stravování na Blízkém východě.

Ať už jste zarytý vegetarián, dobrodružný domácí kuchař, který chce rozšířit svůj kulinářský repertoár, nebo prostě jen chcete naplnit svá jídla odvážnými chutěmi regionu, tyto recepty jsou vytvořeny tak, aby inspirovaly a potěšily. Od vydatného dušeného masa po živé saláty a od voňavých rýžových pokrmů po delikátní dezerty, každý recept je poctou umění blízkovýchodní vegetariánské kuchyně.

Připojte se k nám a odhalte tajemství přepychového mezze, prozkoumejte všestrannost luštěnin a oslavte zářivé barvy a textury, které definují blízkovýchodní vegetariánskou kuchyni. "ÚPLNÝ STŘEDO VÝCHODNÍ VEGETARIÁN" je vaším společníkem při vytváření výživných, chutných a uspokojujících jídel rostlinného původu, která předvádějí bohatství této kulinářské tradice.

Naostřete si tedy nože, posbírejte koření a vydejte se na cestu, abyste pozvedli své patro pomocí 100 blízkovýchodních vegetariánských receptů, které slibují symfonii chutí a oslavu umění vaření založeného na rostlinách.

SNÍDANĚ

1.Chléb (Khubz Ragag)

SLOŽENÍ:
- 2 hrnky mouky
- 1 lžička soli
- Voda

INSTRUKCE:
a) Ve velké míse smíchejte mouku a sůl a prošlehejte je.
b) K moučné směsi postupně přidávejte vodu, zajistěte důkladné promíchání. Upravte množství vody podle požadované konečné textury:
c) Pro tenký, krepovitý chléb přidejte šálek vody a pokračujte, dokud nebude konzistence řidší než těsto na palačinky, takže ho můžete nalít na pánev.
d) Pro silnější chléb podobný pita přidejte zpočátku asi ½ šálku vody, abyste dosáhli tloušťky těsta podobné tradičnímu chlebovému těstu. Může být potřeba další voda, ale přidávejte ji postupně a důkladně prohněťte, abyste potvrdili potřebu.
e) Rozpalte velkou pánev, nejlépe kořeněnou litinovou, na středně vysokou teplotu.
f) Používáte-li řidší těsto, nalijte ho do pánve a krouživým pohybem potřete povrch. Poznámka: S touto metodou lze péci pouze jeden chléb najednou.
g) Pokud použijete hustší těsto, rozštípněte ho do malých kuliček a před vložením do pánve zploštěte dlaněmi. Pomocí této metody lze péct více chlebů současně, v závislosti na jejich velikosti.
h) Pro tenčí verzi vařte přibližně minutu. Jakmile střed ztuhne, pomocí stěrky ho ještě na 30 sekund otočte. Přendejte na talíř a postup opakujte se zbylým těstem.
i) Pro silnější verzi vařte o něco déle než minutu. Když okraje začnou tuhnout, otočte stěrkou a vařte dalších 30 sekund až 1 minutu. Po dokončení přesuňte na talíř a opakujte se zbývajícím těstem.
j) Chléb podávejte teplý, buď samotný, nebo s doplňkovými jídly. Užívat si!

2.Chebab (palačinky)

SLOŽENÍ:
- 2 hrnky mouky
- 1/2 šálku krupice
- 1/2 šálku cukru
- 1/2 lžičky droždí
- 2 šálky teplé vody
- Ghí na vaření

INSTRUKCE:
a) V míse smícháme mouku, krupici, cukr, droždí a teplou vodu, aby vzniklo těstíčko. Necháme hodinu odležet.
b) Rozehřejte pánev nebo pánev a namažte ghí.
c) Na pánev nalijte naběračku těsta a vařte, dokud se na povrchu neobjeví bublinky.
d) Palačinku otočte a opékejte z druhé strany do zlatova.
e) Podávejte teplé s medem nebo datlovým sirupem.

3.Laban (jogurt) s datlemi

SLOŽENÍ:
- 2 kelímky bílého jogurtu
- 1/2 šálku datlí, vypeckovaných a nakrájených
- 2 lžíce medu
- Mandle nebo vlašské ořechy, nasekané (volitelné)
- Mletý kardamom pro chuť

INSTRUKCE:
a) Obyčejný jogurt vyšleháme do hladka.
b) Vmícháme nakrájené datle a med.
c) Ozdobte nasekanými ořechy a posypte mletým kardamomem.
d) Před podáváním nechte chvíli vychladit pro osvěžující chuť.

4.Khabeesa

SLOŽENÍ:
- 2 šálky krupice
- 1 hrnek cukru
- 1/2 šálku ghí
- 1 hrnek jogurtu
- 1 lžička mletého kardamomu
- 1/2 šálku rozinek (volitelně)
- Voda, podle potřeby

INSTRUKCE:
a) V misce smíchejte krupici, cukr, ghí, jogurt a mletý kardamom.
b) Postupně přidávejte vodu, aby vzniklo husté těsto.
c) Rozehřejte pánev a nalijte malé porce těsta, abyste vytvořili palačinky.
d) Vařte, dokud nejsou obě strany zlatavě hnědé.
e) Podle potřeby ozdobte rozinkami.
f) Podávejte teplé.

5.z jogurtu a datlí

SLOŽENÍ:
- 1 hrnek vypeckovaných datlí
- 1 hrnek jogurtu
- 1/2 šálku mléka
- 1 lžíce medu
- Ledové kostky

INSTRUKCE:
a) V mixéru smíchejte vypeckované datle, jogurt, mléko a med.
b) Rozmixujte do hladka.
c) Přidejte kostky ledu a znovu mixujte, dokud smoothie nedosáhne požadované konzistence.
d) Nalijeme do sklenic a podáváme vychlazené.

6. Sardinka a bramborová kaše

SLOŽENÍ:
- 2 plechovky sardinek v oleji, okapané
- 3 střední brambory, oloupané a nakrájené na kostičky
- 1 cibule, nakrájená nadrobno
- 2 rajčata, nakrájená na kostičky
- 2 stroužky česneku, mleté
- 1 lžička mletého kmínu
- 1 lžička mletého koriandru
- Sůl a pepř na dochucení
- Olivový olej na vaření
- Čerstvý koriandr na ozdobu

INSTRUKCE:
a) Na pánvi rozehřejte olivový olej a orestujte na něm nakrájenou cibuli a česnek, dokud nezměknou.
b) Přidáme na kostičky nakrájené brambory a vaříme, dokud nezačnou hnědnout.
c) Vmícháme mletý kmín, mletý koriandr, sůl a pepř.
d) Přidejte nakrájená rajčata a vařte, dokud se nerozpadnou.
e) Jemně sardinky přiklopte a dejte pozor, abyste je příliš nerozbily.
f) Vařte, dokud brambory nezměknou a chutě se nespojí.
g) Před podáváním ozdobte čerstvým koriandrem.

7.Plné Medames

SLOŽENÍ:
- 2 šálky vařených fava fazolí
- 1/4 šálku olivového oleje
- 1 cibule, nakrájená nadrobno
- 2 stroužky česneku, mleté
- 1 rajče, nakrájené na kostičky
- 1 lžička mletého kmínu
- 1 lžička mletého koriandru
- Sůl a pepř na dochucení
- Čerstvá petrželka na ozdobu
- Vejce natvrdo na servírování (volitelně)
- Plochý chléb nebo pita k podávání

INSTRUKCE:
a) Na pánvi rozehřejte olivový olej a orestujte na něm nakrájenou cibuli a česnek, dokud nezměknou.
b) Přidejte nakrájená rajčata a vařte, dokud se nerozpadnou.
c) Vmícháme mletý kmín, mletý koriandr, sůl a pepř.
d) Přidejte uvařené fava fazole a vařte, dokud se nezahřejí.
e) Rozmačkejte část fazolí, abyste vytvořili krémovou texturu.
f) Ozdobte čerstvou petrželkou.
g) Podávejte s natvrdo vařenými vejci na boku, pokud chcete, a doplněné chlebem nebo pita.

8.Maldouf FlatBread

SLOŽENÍ:
- 2 šálky celozrnné mouky
- Sůl podle chuti
- 1/4 šálku Ghee (přepuštěné máslo) na mělké smažení
- Voda Na hnětení těsta
- 8-14 1/2 šálku Soft Dates
- 1 šálek vařící vody

INSTRUKCE:
a) Vypeckované datle namočte do 1 šálku vroucí vody na 2–3 hodiny nebo do změknutí.
b) Změklé datle propasírujte pomocí sítka nebo jemné síťky. K rozmixování budete možná potřebovat mixér, pokud pro vás není příliš měkký.
c) Rozmixované datle smíchejte se solí, 1 lžící ghí a moukou a vypracujte vláčné těsto.
d) Těsto necháme minimálně 20 minut odpočinout.
e) Těsto rozdělte na kuličky stejné nebo velikosti citronu.
f) Rolujte každý tak, abyste vytvořili plochý chléb/paratha/kruhový disk/nebo tvar, který chcete, o délce 5-6 palců.
g) Každý mělce opečte pomocí ghí, dokud nebude opečené z obou stran. Vzhledem k tomu, že těsto obsahuje datle, bude vařené velmi rychle.

9.Shakshuka

SLOŽENÍ:
- 2 lžíce olivového oleje
- 1 cibule, nakrájená nadrobno
- 2 papriky, nakrájené na kostičky
- 3 stroužky česneku, nasekané
- 1 plechovka (28 uncí) drcených rajčat
- 1 lžička mletého kmínu
- 1 lžička mleté papriky
- Sůl a pepř na dochucení
- 4-6 vajec
- Čerstvá petrželka na ozdobu

INSTRUKCE:
a) Ve velké pánvi rozehřejte olivový olej na středním plameni.
b) Smažte cibuli a papriku, dokud nezměknou.
c) Přidejte nasekaný česnek a vařte další minutu.
d) Vsypte drcená rajčata a dochuťte kmínem, paprikou, solí a pepřem. Vařte asi 10-15 minut, dokud omáčka nezhoustne.
e) V omáčce udělejte malé důlky a rozklepněte do nich vejce.
f) Zakryjte pánev a vařte, dokud nejsou vejce pošírovaná podle vašich představ.
g) Ozdobte čerstvou petrželkou a podávejte s chlebem.

10. Manoushe (syrský plochý chléb se Za'atarem)

SLOŽENÍ:
- Těsto na pizzu nebo chlebové těsto
- Směs koření Za'atar
- Olivový olej
- Volitelné: Labneh nebo jogurt na namáčení

INSTRUKCE:
a) Těsto na pizzu nebo mazanec rozválejte do tenkého kulatého tvaru.
b) Těsto potřete dostatečným množstvím olivového oleje.
c) Směs koření Za'atar rovnoměrně nasypte na těsto.
d) Pečte v troubě, dokud okraje nezezlátnou a nebudou křupavé.
e) Volitelné: Podávejte se stranou labneh nebo jogurtu na namáčení.

11. Ka'ak chléb

SLOŽENÍ:
- 4 hrnky univerzální mouky
- 1 lžíce cukru
- 1 lžička soli
- 1 lžíce aktivního suchého droždí
- 1 1/2 šálku teplé vody
- Sezamová semínka na polevu

INSTRUKCE:
a) Ve velké míse smíchejte mouku, cukr a sůl.
b) V samostatné misce rozpusťte droždí v teplé vodě a nechte 5 minut uležet, dokud nezpění.
c) Kváskovou směs přidejte do moučné směsi a hněťte, dokud nevznikne hladké těsto.
d) Těsto rozdělte na malé kuličky a z každé vytvarujte kulatý nebo oválný chléb.
e) Vytvarovaný chléb položte na plech, potřete vodou a posypte sezamovými semínky.
f) Pečeme v předehřáté troubě na 375 °F (190 °C) dozlatova.

12.Fatteh (syrský snídaňový kastrol)

SLOŽENÍ:
- 2 šálky uvařené cizrny
- 2 kelímky bílého jogurtu
- 2 stroužky česneku, mleté
- 1 šálek opečeného chleba (pita nebo libanonského chleba)
- 1/4 šálku piniových oříšků, pražených
- 2 lžíce přepuštěného másla (ghí)
- Mletý kmín, podle chuti
- Sůl a pepř na dochucení

INSTRUKCE:
a) Do servírovací mísy navrstvíme opečené kousky chleba.
b) V misce smíchejte jogurt s mletým česnekem, solí a pepřem. Potřete jím chleba.
c) Navrch dejte uvařenou cizrnu.
d) Pokapeme přepuštěným máslem a navrch posypeme opraženými piniovými oříšky a mletým kmínem.
e) Podávejte teplé jako vydatný a chutný snídaňový kastrol.

13. Syrský Flatb četl

SLOŽENÍ:
- 1 11/16 šálků vody
- 2 lžíce rostlinného oleje
- ½ lžičky bílého cukru
- 1 ½ lžičky soli
- 3 hrnky univerzální mouky
- 1 ½ lžičky aktivního sušeného droždí

INSTRUKCE:
a) Vložte ingredience do pánve pekárny v pořadí doporučeném výrobcem.
b) Zvolte cyklus Těsto na pekárně a stiskněte Start.
c) Když je cyklus těsta téměř dokončen, předehřejte troubu na 475 stupňů F (245 stupňů C).
d) Těsto vyklopte na lehce pomoučenou plochu.
e) Těsto rozdělte na osm stejných dílů a vytvarujte z nich kolečka.
f) Kolečka přikryjte vlhkou utěrkou a nechte odpočinout.
g) Každé těsto vyválejte do tenkého plochého kruhu o průměru přibližně 8 palců.
h) Pečte po dvou kolech na předehřátých plechách nebo pečicím kameni, dokud se nenafouknou a nezezlátnou, asi 5 minut.
i) Postup opakujte u zbývajících chlebů.
j) Syrský chléb podávejte teplý a užijte si jeho všestrannost k obědu nebo večeři.

14. Labneh a Za'atar Toast

SLOŽENÍ:
- Labneh (cezený jogurt)
- Směs koření Za'atar
- Olivový olej
- Pita chléb nebo křupavý chléb

INSTRUKCE:
a) Namažte štědré množství labneh na opečený pita chléb nebo váš oblíbený křupavý chléb.
b) Posypeme směsí koření za'atar.
c) Pokapejte olivovým olejem.
d) Podávejte jako otevřený sendvič nebo nakrájené na menší kousky.

SVAČINKY A PŘEkrmy

15. Rozmanité datlové talíře

SLOŽENÍ:
- 4-5 šálků datlí bez pecek nebo jakékoli odrůdy
- 1/2 šálku pražených slunečnicových semínek
- 1/2 šálku pražených dýňových semínek
- 1/2 šálku pražených bílých sezamových semínek
- 1/2 šálku pražených černých sezamových semínek
- 1/2 šálku pražených arašídů

INSTRUKCE:
a) Všechny datle omyjte a osušte. Ujistěte se, že jsou suché a bez vlhkosti.
b) Uprostřed každého datle udělejte zářez a odstraňte semínka. Semínka vyhoďte.
c) Střed každé datle naplňte praženými slunečnicovými semínky, dýňovými semínky, bílými sezamovými semínky, černými sezamovými semínky a arašídy.
d) Uspořádejte plněné datle na velký talíř, aby byly snadno dostupné a vizuálně přitažlivé.
e) Uchovávejte různé datle ve vzduchotěsných nádobách v chladničce.

16.Faul

SLOŽENÍ:
- 2 plechovky fava fazolí, scezené a opláchnuté
- 2 stroužky česneku, mleté
- 1/4 šálku olivového oleje
- Šťáva z 1 citronu
- Sůl a pepř na dochucení
- Nakrájená petrželka na ozdobu
- chléb (Rukhal), k podávání

INSTRUKCE:
a) Na pánvi orestujte na olivovém oleji prolisovaný česnek, dokud nebude voňavý.
b) Přidejte fava fazole a vařte, dokud se nezahřejí.
c) Fazole lehce rozmačkejte vidličkou.
d) Dochuťte citronovou šťávou, solí a pepřem.
e) Ozdobte nasekanou petrželkou.
f) Podáváme s chlebem.

17.Samosa

SLOŽENÍ:
Pro těsto Samosa:
- 2 šálky univerzální mouky (maida) (260 gramů)
- 1 čajová lžička ajwain (karomová semínka)
- 1/4 lžičky soli
- 4 polévkové lžíce + 1 lžička oleje (60 ml + 5 ml)
- Voda na hnětení těsta (asi 6 lžic)

Pro náplň Samosa:
- 3-4 střední brambory (500-550 gramů)
- 2 lžíce oleje
- 1 lžička semínek kmínu
- 1 lžička semínek fenyklu
- 2 lžičky drcených semínek koriandru
- 1 lžička jemně nasekaného zázvoru
- 1 zelená chilli papričná, nakrájená
- 1/4 lžičky hing (asafoetida)
- 1/2 šálku + 2 lžíce zeleného hrášku (pokud používáte mražený, namočený v teplé vodě)
- 1 lžička koriandrového prášku
- 1/2 lžičky garam masala
- 1/2 lžičky amchur (sušený mango prášek)
- 1/4 lžičky červeného chilli (nebo podle chuti)
- 3/4 lžičky soli (nebo podle chuti)
- Olej na hluboké smažení

INSTRUKCE:
Připravte těsto Samosa:
a) Ve velké míse smíchejte univerzální mouku, ajwain a sůl.
b) Přidáme olej a utřeme mouku s olejem, dokud nebude připomínat drobenku. To by mělo trvat 3-4 minuty.
c) Postupně přidávejte vodu, hnětením vytvořte tuhé těsto. Těsto nepřepracovávejte; prostě by se to mělo sejít.
d) Těsto přikryjeme vlhkou utěrkou a necháme 40 minut odpočívat.

Připravte si bramborovou náplň:
e) Brambory vařte, dokud nejsou hotové (8-9 hvizdů, pokud používáte varný tlakový hrnec nebo 12 minut při vysokém tlaku v instantním hrnci).

f) Brambory oloupejte a rozmačkejte.
g) Na pánvi rozehřejte olej a přidejte semínka kmínu, fenyklu a drceného koriandru. Smažte do aromatické.
h) Přidejte nakrájený zázvor, zelené chilli, hing, vařené a šťouchané brambory a zelený hrášek. Dobře promíchejte.
i) Přidejte koriandrový prášek, garam masala, amchur, prášek z červeného chilli a sůl. Míchejte, dokud se dobře nezapracuje. Odstraňte z ohně a nechte náplň vychladnout.

Tvarujte a smažte Samosu:
j) Po odležení těsto rozdělte na 7 stejných dílů.
k) Každou část vyválejte do kruhu o průměru 6-7 palců a rozřízněte na dvě části.
l) Vezměte jednu část, naneste vodu na rovný okraj a vytvořte kužel. Naplňte 1-2 lžícemi bramborové náplně.
m) Samosu uzavřete sevřením okrajů. Opakujte pro zbývající těsto.
n) Zahřejte olej na mírném ohni. Smažte samosy na mírném ohni, dokud nejsou pevné a světle hnědé (10-12 minut). Zvyšte teplotu na střední a smažte do zlatohněda.
o) Smažte 4-5 samos najednou a každá dávka bude trvat asi 20 minut na nízké teplotě.

18. Chipsy Khubz (Flatbread).

SLOŽENÍ:
- 4 placky (Khubz)
- 2 lžíce olivového oleje
- 1 lžička mletého kmínu
- 1 lžička papriky
- Sůl podle chuti

INSTRUKCE:
a) Předehřejte troubu na 350 °F (180 °C).
b) Placky potřeme olivovým olejem a posypeme kmínem, paprikou a solí.
c) Placky nakrájejte na trojúhelníky nebo proužky.
d) Pečte v troubě 10–12 minut nebo do křupava.
e) Před podáváním vychlaďte.

19. Datle s mandlemi

SLOŽENÍ:
- Čerstvé datle
- Mandle, celé nebo půlené

INSTRUKCE:
a) Vypeckujte datle tak, že uděláte malý řez a odstraníte semínka.
b) Vložte celou mandli nebo polovinu do dutiny, která zůstala po semínku.

20.Falafel

SLOŽENÍ:
- 2 hrnky namočené a scezené cizrny
- 1 malá cibule, nakrájená
- 3 stroužky česneku, nasekané
- 1/4 šálku čerstvé petrželky, nasekané
- 1 lžička mletého kmínu
- 1 lžička mletého koriandru
- Sůl a pepř na dochucení
- Olej na smažení

INSTRUKCE:
a) V kuchyňském robotu rozmixujte cizrnu, cibuli, česnek, petržel, kmín, koriandr, sůl a pepř, dokud nevznikne hrubá směs.
b) Ze směsi tvarujte malé kuličky nebo placičky.
c) Na pánvi rozpálíme olej a smažíme z obou stran do zlatova.
d) Nechte okapat na papírových utěrkách.
e) Podávejte horké s tahini omáčkou nebo jogurtem.

21. Špenátový Fatayer

SLOŽENÍ:
- 2 šálky nakrájeného špenátu
- 1 malá cibule, nakrájená nadrobno
- 1/4 šálku piniových oříšků
- 1 lžíce olivového oleje
- 1 lžička mletého škumpy
- Sůl a pepř na dochucení
- Těsto na pizzu nebo hotové pláty pečiva

INSTRUKCE:
a) Na olivovém oleji orestujte cibuli, dokud nebude průhledná.
b) Přidáme nakrájený špenát a vaříme do zvadnutí.
c) Vmíchejte piniové oříšky, mletý škumpa, sůl a pepř.
d) Těsto na pizzu nebo pláty těsta rozválíme a nakrájíme na kolečka.
e) Na každé kolečko položte lžíci špenátové směsi, přeložte napůl a okraje zalepte.
f) Pečeme dozlatova.
g) Podávejte teplé.

22.Plněné cibule

SLOŽENÍ:
- 4 velké cibule (2 lb / 900 g celkem, oloupaná hmotnost) asi 1⅔ šálku / 400 ml zeleninového vývaru
- 1½ lžíce melasy z granátového jablka
- sůl a čerstvě mletý černý pepř
- NÁDIVKA
- 1½ lžíce olivového oleje
- 1 šálek / 150 g jemně nasekané šalotky
- ½ šálku / 100 g krátkozrnné rýže
- ¼ šálku / 35 g piniových oříšků, drcených
- 2 lžíce nasekané čerstvé máty
- 2 lžíce nasekané ploché petrželky
- 2 lžičky sušené máty
- 1 lžička mletého kmínu
- ⅛ lžičky mletého hřebíčku
- ¼ lžičky mletého nového koření
- ¾ lžičky soli
- ½ lžičky čerstvě mletého černého pepře
- 4 kolečka citronu (volitelně)

INSTRUKCE:
a) Oloupejte a nakrájejte asi ¼ palce / 0,5 cm z vršků a cípů cibule, vložte nakrájenou cibuli do velkého hrnce s velkým množstvím vody, přiveďte k varu a vařte 15 minut. Scedíme a necháme vychladnout.
b) Pro přípravu nádivky rozehřejte na střední pánvi na středně vysoké teplotě olivový olej a přidejte šalotku. Za častého míchání restujte 8 minut a poté přidejte všechny zbývající ingredience kromě koleček citronu. Snižte teplotu a pokračujte ve vaření a míchání po dobu 10 minut.
c) Malým nožem udělejte dlouhý řez od horní části cibule dolů, směřující až k jejímu středu, tak, aby každá vrstva cibule měla pouze jednu štěrbinu. Začněte jemně oddělovat vrstvy cibule, jednu po druhé, dokud nedosáhnete jádra. Nebojte se, pokud se některá z vrstev přes peeling trochu protrhne; stále je můžete používat.
d) Uchopte vrstvu cibule do jedné dlaně a lžící nalijte asi 1 polévkovou lžíci rýžové směsi do poloviny cibule, přičemž

náplň umístěte blízko jednoho konce otvoru. Nenechte se v pokušení naplnit více, protože je potřeba to pěkně zabalit. Přeložte prázdnou stranu cibule přes naplněnou stranu a pevně ji srolujte tak, aby byla rýže pokryta několika vrstvami cibule bez vzduchu uprostřed. Vložte do střední pánve, na kterou máte poklici, stranou švu dolů a pokračujte se zbývající cibulí a rýžovou směsí. Položte cibuli vedle sebe na pánev tak, aby nebylo místo pro pohyb. Vyplňte všechna místa částmi cibule, které nebyly plněné. Přidejte tolik vývaru, aby byla cibule ze tří čtvrtin pokrytá, spolu s melasou z granátového jablka a dochuťte ¼ lžičky soli.

e) Pánev přikryjeme a vaříme na nejnižším možném plameni 1½ až 2 hodiny, dokud se tekutina neodpaří. Podávejte teplé nebo při pokojové teplotě, pokud chcete, s měsíčky citronu.

23. Latkes

Dělá: 12 LATKES

INGREDIENCE
- 5½ šálku / 600 g oloupaných a nastrouhaných poměrně voskových brambor, jako je Yukon Gold
- 2¾ šálků / 300 g oloupaného a nastrouhaného pastináku
- ⅔ šálku / 30 g pažitky, jemně nasekané
- 4 bílky
- 2 lžíce kukuřičného škrobu
- 5 lžic / 80 g nesoleného másla
- 6½ polévkové lžíce / 100 ml slunečnicového oleje
- sůl a čerstvě mletý černý pepř
- zakysaná smetana, podávat

INSTRUKCE

a) Opláchněte brambory ve velké misce studené vody. Sceďte v cedníku, vymačkejte přebytečnou vodu a poté brambory rozložte na čistou kuchyňskou utěrku, aby úplně oschly.

b) Ve velké míse smíchejte brambory, pastinák, pažitku, bílky, kukuřičný škrob, 1 lžičku soli a spoustu černého pepře.

c)

d) Polovinu másla a polovinu oleje rozehřejte ve velké pánvi na středně vysokou teplotu. Rukama odeberte porce asi ze 2 polévkových lžic směsi latke, pevně je stlačte, abyste odstranili část tekutiny, a tvarujte tenké placičky o tloušťce asi 3/8 palce / 1 cm a 3¼ palce / 8 cm v průměru. Opatrně vložte do pánve tolik latkes, kolik se vám pohodlně vejde, jemně je zatlačte dolů a vyrovnejte je zadní částí lžíce. Smažte na středně vysoké teplotě po dobu 3 minut z každé strany. Latky musí být zvenčí úplně hnědé. Usmažené latkes vyjmeme z oleje, položíme na papírové ubrousky a udržujeme v teple, zatímco zbytek vaříme. Podle potřeby přidejte zbývající máslo a olej. Podávejte najednou se zakysanou smetanou na boku.

DIPY A ŠÍŘENÍ

24. Muhammara (syrská pálivá paprika)

SLOŽENÍ:
- 2 sladké papriky, zbavené semínek a nakrájené na čtvrtky
- 3 plátky celozrnného chleba, zbavené kůrky
- ¾ šálku pražených vlašských ořechů, nasekaných
- 2 lžíce citronové šťávy
- 2 lžíce aleppského pepře
- 2 lžičky melasy z granátového jablka
- 1 stroužek česneku, nasekaný
- 1 lžička kmínových semínek, hrubě mletých
- Sůl podle chuti
- ½ šálku olivového oleje
- 1 špetka škumpy v prášku

INSTRUKCE:
a) Umístěte rošt trouby asi 6 palců od zdroje tepla a předehřejte gril v troubě.
b) Plech vyložte hliníkovou fólií.
c) Papriky položte řeznou stranou dolů na připravený plech.
d) Opékejte pod předehřátým brojlerem, dokud slupka paprik nezčerná a neudělají puchýře, asi 5 až 8 minut.
e) Plátky chleba opečte v toustovači a nechte vychladnout.
f) Toustový chléb vložte do uzavíratelného plastového sáčku, vymačkejte vzduch, sáček uzavřete a rozdrťte válečkem na drobky.
g) Opečené papriky přendejte do misky a pevně uzavřete plastovou fólií.
h) Odstavte, dokud se slupky paprik uvolní, asi 15 minut.
i) Odstraňte a vyhoďte slupky.
j) Oloupané papriky rozmačkáme vidličkou.
k) V kuchyňském robotu smíchejte rozmačkané papriky, strouhanku, opražené vlašské ořechy, citronovou šťávu, aleppský pepř, melasu z granátového jablka, česnek, kmín a sůl.
l) Před spuštěním na nejnižší nastavení směs několikrát promíchejte, aby se promíchala.
m) Pomalu přidávejte olivový olej do pepřové směsi, zatímco se mísí, dokud se úplně nespojí.
n) Přeneste směs muhammara do servírovací misky.
o) Před podáváním směs posypte škumpou.

25. Baba Ghanoush

SLOŽENÍ:
- 4 velké italské lilky
- 2 stroužky utřeného česneku
- 2 lžičky košer soli nebo podle chuti
- 1 citron, šťáva nebo více podle chuti
- 3 lžíce tahini nebo více podle chuti
- 3 lžíce extra panenského olivového oleje
- 2 lžíce obyčejného řeckého jogurtu
- 1 špetka kajenského pepře nebo podle chuti
- 1 list čerstvé máty, mletý (volitelně)
- 2 lžíce nasekané čerstvé italské petrželky

INSTRUKCE:
a) Předehřejte venkovní gril na středně vysokou teplotu a lehce rošt naolejujte.
b) Špičkou nože několikrát propíchněte povrch slupky lilku.
c) Umístěte lilek přímo na gril. Během hoření kůže často otáčejte kleštěmi.
d) Vařte, dokud lilky nespadnou a nejsou velmi měkké, asi 25 až 30 minut.
e) Přendejte do misky, pevně zakryjte hliníkovou fólií a nechte asi 15 minut vychladnout.
f) Když lilky dostatečně vychladnou, rozdělte je napůl a dužinu vyškrábejte do cedníku umístěného nad miskou.
g) Nechte 5 nebo 10 minut odkapat.
h) Lilek přendejte do mixovací nádoby a přidejte prolisovaný česnek a sůl.
i) Rozmačkejte, dokud nebude krémová, ale s malou texturou, asi 5 minut.
j) Přišlehejte citronovou šťávu, tahini, olivový olej a kajenský pepř.
k) Vmícháme jogurt.
l) Zakryjte misku plastovou fólií a chlaďte, dokud úplně nevychladne, asi 3 nebo 4 hodiny.
m) Ochutnejte pro úpravu koření.
n) Před podáváním vmícháme mletou mátu a nasekanou petrželku.

26.syrský hummus

SLOŽENÍ:
- 5 neloupaných stroužků česneku
- 2 lžíce extra panenského olivového oleje, rozdělené
- 1 (15 uncí) plechovka garbanzo fazolí, okapané
- ½ šálku tahini
- ⅓ šálku čerstvé citronové šťávy
- 1 lžička mletého kmínu
- 1 lžička soli

INSTRUKCE:
a) Předehřejte troubu na 450 stupňů F (230 stupňů C).
b) Doprostřed velkého čtverce alobalu položte neoloupané stroužky česneku.
c) Hřebíček pokapeme 1 lžící olivového oleje a zabalíme do alobalu.
d) Pečeme v předehřáté troubě 10 až 15 minut, dokud česnek nezezlátne.
e) Vyjměte z trouby a pečený česnek nechte 5 až 10 minut vychladnout.
f) Opečený česnek vymačkejte ze slupek v kuchyňském robotu.
g) Do kuchyňského robotu přidejte scezené fazole garbanzo, tahini, čerstvou citronovou šťávu, mletý kmín, sůl a zbývající 1 lžíci olivového oleje.
h) Ingredience zpracujte, dokud nebude směs velmi krémová.
i) Přendejte syrský hummus do servírovací misky.
j) Případně zakápněte dalším olivovým olejem a posypte špetkou kmínu.
k) Podávejte s pita chlebem, zeleninou nebo vašimi oblíbenými možnostmi namáčení.

27. Pomazánka na máslovou dýni a tahini

Dělá: 6 až 8

INGREDIENCE
- 1 velmi velká máslová dýně (asi 2½ lb / 1,2 kg), oloupaná a nakrájená na kousky (7 šálků / 970 g celkem)
- 3 lžíce olivového oleje
- 1 lžička mleté skořice
- 5 polévkových lžic / 70 g světlé tahini pasty
- ½ šálku / 120 g řeckého jogurtu
- 2 malé stroužky česneku, rozdrcené
- 1 lžička smíchaných černých a bílých sezamových semínek (nebo jen bílých, pokud nemáte černé)
- 1½ lžičky datlového sirupu
- 2 lžíce nasekaného koriandru (volitelně)
- sůl

INSTRUKCE
a) Předehřejte troubu na 400 °F / 200 °C.
b) Dýni rozprostřete na střední pekáč. Přelijte olivovým olejem a posypte skořicí a ½ lžičky soli. Dobře promíchejte, pekáč pevně přikryjte hliníkovou fólií a pečte v troubě 70 minut, během vaření jednou promíchejte. Vyjměte z trouby a nechte vychladnout.
c) Přeneste dýni do kuchyňského robotu spolu s tahini, jogurtem a česnekem. Nahrubo pulsujte, aby se vše spojilo do hrubé pasty, aniž by pomazánka byla hladká; můžete to udělat i ručně pomocí vidličky nebo šťouchadla na brambory.
d) Oříšek rozprostřete vlnovkou na plochý talíř a posypte sezamovými semínky, pokapejte sirupem a případně dochuťte koriandrem.

28.Hummus s piniovými oříšky a olivovým olejem

SLOŽENÍ:
- 1 plechovka (15 uncí) cizrny, okapaná a propláchnutá
- 1/4 šálku tahini
- 1/4 šálku olivového oleje
- 2 stroužky česneku, mleté
- Šťáva z 1 citronu
- Sůl podle chuti
- Piniové oříšky a extra olivový olej na ozdobu

INSTRUKCE:
a) V kuchyňském robotu smíchejte cizrnu, tahini, olivový olej, česnek, citronovou šťávu a sůl.
b) Rozmixujte do hladka.
c) Přendejte do servírovací mísy, pokapejte extra olivovým olejem a posypte piniovými oříšky.

29. Za'atar a dip z olivového oleje

SLOŽENÍ:
- 3 lžíce směsi koření za'atar
- 1/4 šálku olivového oleje
- Pita chléb k podávání

INSTRUKCE:
a) V malé misce smíchejte za'atar s olivovým olejem, abyste vytvořili hustou pastu.
b) Podávejte jako dip s čerstvým nebo opečeným pita chlebem.

30. Laban Bi Khiar (jogurtový a okurkový dip)

SLOŽENÍ:
- 1 hrnek řeckého jogurtu
- 1 okurka, nakrájená nadrobno
- 2 stroužky česneku, mleté
- 2 lžíce čerstvé máty, nasekané
- Sůl a pepř na dochucení
- Olivový olej na pokapání

INSTRUKCE:
a) V misce smíchejte řecký jogurt, na kostičky nakrájenou okurku, nasekaný česnek a nasekanou mátu.
b) Dochuťte solí a pepřem.
c) Před podáváním pokapejte olivovým olejem.

31. Musabaha (cizrna s hummusem) a pita

Vyrábí: 6

INGREDIENCE
- 1¼ šálku / 250 g sušené cizrny
- 1 lžička jedlé sody
- 1 lžíce mletého kmínu
- 4½ polévkové lžíce / 70 g světlé tahini pasty
- 3 lžíce čerstvě vymačkané citronové šťávy
- 1 stroužek česneku, rozdrcený
- 2 lžíce ledově studené vody
- 4 malé pitas (4 oz / 120 g celkem)
- 2 lžíce olivového oleje
- 2 lžíce nasekané ploché petrželky
- 1 lžička sladké papriky
- sůl a čerstvě mletý černý pepř

TAHINI OMÁČKA
- 5 lžic / 75 g světlé tahini pasty
- ¼ šálku / 60 ml vody
- 1 polévková lžíce čerstvě vymačkané citronové šťávy
- ½ stroužku česneku, drceného

CITRONOVÁ OMÁČKA
- ⅓ unce / 10 g ploché petrželky, jemně nasekané
- 1 zelená chilli papričká, jemně nasekaná
- 4 lžíce čerstvě vymačkané citronové šťávy
- 2 lžíce bílého vinného octa
- 2 stroužky česneku, rozdrcené
- ¼ lžičky soli

INSTRUKCE

a) Postupujte podle Základního receptu na hummus pro metodu namáčení a vaření cizrny, ale vařte ji o něco méně; měly by v nich zůstat trochu odporu, ale přesto by měly být plně propečené. Uvařenou cizrnu slijte, odložte si ⅓ šálku / 450 g) s odloženou vodou na vaření, kmínem, ½ lžičky soli a ¼ lžičky pepře. Udržujte směs teplou.

b) Zbývající cizrnu (1 šálek / 150 g) vložte do malého kuchyňského robotu a zpracujte, dokud nezískáte tuhou pastu. Poté za stále běžícího stroje přidejte tahini pastu, citronovou šťávu, česnek a ½ lžičky soli. Nakonec pomalu zakápněte ledovou vodou a míchejte asi 3 minuty, dokud nezískáte velmi hladkou a krémovou pastu. Hummus nechte stranou.

c) Zatímco se cizrna vaří, můžete připravit ostatní prvky pokrmu. Na omáčku tahini dejte všechny ingredience a špetku soli do malé misky. Dobře promíchejte a v případě potřeby přidejte trochu vody, abyste získali konzistenci trochu tekutější než med.

d) Dále smícháme všechny ingredience na citronovou omáčku a dáme stranou.

e) Nakonec pitas otevřete a odtrhněte obě strany od sebe. Umístěte pod horký brojler na 2 minuty, dokud nezezlátne a zcela nevyschne. Před rozlámáním na kousky lichého tvaru nechte vychladnout.

f) Rozdělte hummus mezi čtyři jednotlivé mělké misky; nevyrovnávejte ho ani netlačte dolů, chcete výšku. Nalijte na teplou cizrnu, poté tahini omáčku, citronovou omáčku a zakápněte olivovým olejem. Ozdobte petrželkou a posypem papriky a podávejte spolu s opečenými kousky pita.

HLAVNÍ CHOD

32.Mejadra

SLOŽENÍ:
- 1¼ šálku / 250 g zelené nebo hnědé čočky
- 4 střední cibule (1½ lb / 700 g před oloupáním)
- 3 lžíce univerzální mouky
- asi 1 šálek / 250 ml slunečnicového oleje
- 2 lžičky semínek kmínu
- 1½ lžíce semínek koriandru
- 1 šálek / 200 g rýže basmati
- 2 lžíce olivového oleje
- ½ lžičky mleté kurkumy
- 1½ lžičky mletého nového koření
- 1½ lžičky mleté skořice
- 1 lžička cukru
- 1 ½ šálku / 350 ml vody
- sůl a čerstvě mletý černý pepř

INSTRUKCE

a) Čočku dejte do malého hrnce, zalijte velkým množstvím vody, přiveďte k varu a vařte 12 až 15 minut, dokud čočka nezměkne, ale stále bude trochu kousat. Sceďte a dejte stranou.

b) Cibuli oloupeme a nakrájíme na tenké plátky. Položte na velký plochý talíř, posypte moukou a 1 lžičkou soli a dobře promíchejte rukama. Zahřejte slunečnicový olej v hrnci se středně silným dnem, který je umístěn na vysokou teplotu. Ujistěte se, že je olej horký vhozením malého kousku cibule; mělo by to prudce prskat. Snižte plamen na středně vysoký a opatrně (může plivat!) přidejte jednu třetinu nakrájené cibule. Za občasného promíchání děrovanou lžící opékejte 5 až 7 minut, dokud cibule nezíská pěknou zlatohnědou barvu a nezkřupne (upravte teplotu, aby se cibule příliš rychle neopekla a nepřipálila). Pomocí lžíce přendejte cibuli na cedník vyložený papírovými utěrkami a posypte ještě trochou soli. Udělejte totéž s dalšími dvěma dávkami cibule; v případě potřeby přidejte trochu oleje navíc.

c) Vymažte rendlík, ve kterém jste smažili cibuli, dočista a vložte semínka kmínu a koriandru. Umístěte na střední teplotu a semena minutu nebo dvě opékejte. Přidejte rýži, olivový olej, kurkumu, nové koření, skořici, cukr, ½ lžičky soli a spoustu černého pepře. Míchejte, aby se rýže obalila olejem, a poté přidejte uvařenou čočku a vodu. Přiveďte k varu, přikryjte pokličkou a na velmi mírném ohni vařte 15 minut.

d) Odstraňte z ohně, sejměte víko a rychle přikryjte pánev čistou utěrkou. Pevně uzavřete víkem a nechte 10 minut stát.

e) Nakonec k rýži a čočce přidejte polovinu osmažené cibule a jemně promíchejte vidličkou. Směs navršte do mělké servírovací mísy a posypte zbytkem cibule.

33.Na'ama je tlustá

Vyrábí: 6

INGREDIENCE
- 1 šálek / 200 g řeckého jogurtu a ¾ šálku plus 2 polévkové lžíce / 200 ml plnotučného mléka nebo 1⅔ šálku / 400 ml podmáslí (nahrazuje jogurt i mléko)
- 2 velké staré turecké placky nebo naan (9 oz / 250 g celkem)
- 3 velká rajčata (celkem 13 uncí / 380 g), nakrájená na kostky ⅔ palce / 1,5 cm
- 3½ unce / 100 g ředkviček, nakrájených na tenké plátky
- 3 libanonské nebo mini okurky (9 oz / 250 g celkem), oloupané a nakrájené na ⅔-inch / 1,5 cm kostky
- 2 zelené cibule, nakrájené na tenké plátky
- ½ unce / 15 g čerstvé máty
- 1 unce / 25 g plocholisté petrželky, nasekané nahrubo
- 1 lžíce sušené máty
- 2 stroužky česneku, rozdrcené
- 3 lžíce čerstvě vymačkané citronové šťávy
- ¼ šálku / 60 ml olivového oleje, plus navíc na pokapání
- 2 lžíce jablečného nebo bílého vinného octa
- ¾ lžičky čerstvě mletého černého pepře
- 1½ lžičky soli
- 1 polévková lžíce sumaku nebo více podle chuti, na ozdobu

INSTRUKCE

a) Pokud používáte jogurt a mléko, začněte alespoň 3 hodiny až jeden den předem umístěním obou do misky. Dobře prošleháme a necháme na chladném místě nebo v lednici, dokud se na povrchu nevytvoří bublinky. To, co dostanete, je domácí podmáslí, ale méně kyselé.

b) Chléb natrhejte na kousky o velikosti sousta a vložte do velké mísy. Přidejte kysanou jogurtovou směs nebo komerční podmáslí a poté zbytek ingrediencí, dobře promíchejte a nechte 10 minut, aby se všechny chutě spojily.

c) Do servírovacích misek nalijte tuk, pokapejte trochou olivového oleje a bohatě ozdobte škumpou.

34.Baby špenátový salát s datlemi a mandlemi

Vyrábí: 4

INGREDIENCE
- 1 lžíce bílého vinného octa
- ½ střední červené cibule, nakrájené na tenké plátky
- 3½ unce / 100 g datlí Medjool bez pecek, podélně na čtvrtky
- 2 lžíce / 30 g nesoleného másla
- 2 lžíce olivového oleje
- 2 malé pitas, asi 3½ unce / 100 g, nakrájené nahrubo na kousky o velikosti 1½ palce / 4 cm
- ½ šálku / 75 g celých nesolených mandlí, hrubě nasekaných
- 2 lžičky škumpy
- ½ lžičky chilských vloček
- 5 uncí / 150 g listů baby špenátu
- 2 lžíce čerstvě vymačkané citronové šťávy
- sůl

INSTRUKCE

a) Do malé misky dejte ocet, cibuli a datle. Přidejte špetku soli a dobře promíchejte rukama. Nechte 20 minut marinovat, poté slijte zbytky octa a vyhoďte.

b) Mezitím rozehřejte máslo a polovinu olivového oleje na střední pánvi na středním plameni. Přidejte pitu a mandle a vařte 4 až 6 minut za stálého míchání, dokud pita není křupavá a dozlatova. Sundejte z plotny a vmíchejte škumpu, chile vločky a ¼ lžičky soli. Dejte stranou vychladnout.

c) Když jste připraveni podávat, promíchejte špenátové listy se směsí pita ve velké míse. Přidejte datle a červenou cibuli, zbývající olivový olej, citronovou šťávu a další špetku soli. Ochutnejte kořením a ihned podávejte.

35.Pečená máslová dýně se za'atarem

Vyrábí: 4

INGREDIENCE
- 1 velká máslová dýně (2½ lb / 1,1 kg celkem), nakrájená na klínky ¾ x 2½ palce / 2 x 6 cm
- 2 červené cibule, nakrájené na 1¼-palcové / 3 cm klínky
- 3½ lžíce / 50 ml olivového oleje
- 3½ lžíce světlé tahini pasty
- 1½ lžíce citronové šťávy
- 2 lžíce vody
- 1 malý stroužek česneku, rozdrcený
- 3½ lžíce / 30 g piniových oříšků
- 1 polévková lžíce za'atar
- 1 lžíce hrubě nasekané ploché petrželky
- Mořská sůl Maldon a čerstvě mletý černý pepř

INSTRUKCE
a) Předehřejte troubu na 475 °F / 240 °C.
b) Dýni a cibuli dejte do velké mísy, přidejte 3 lžíce oleje, 1 lžičku soli a trochu černého pepře a dobře promíchejte. Rozprostřete na plech kůží dolů a pečte v troubě 30 až 40 minut, dokud zelenina nechytne barvu a není propečená. Dávejte pozor na cibuli, protože se může vařit rychleji než tykev a je třeba ji odstranit dříve. Vyjměte z trouby a nechte vychladnout.
c) Pro přípravu omáčky vložte tahini do malé misky spolu s citronovou šťávou, vodou, česnekem a ¼ lžičky soli. Šlehejte, dokud nebude omáčka konzistence medu, v případě potřeby přidejte více vody nebo tahini.
d) Nalijte zbývající 1½ lžičky oleje do malé pánve a položte na středně nízkou teplotu. Přidejte piniové oříšky spolu s ½ lžičky soli a vařte 2 minuty za častého míchání, dokud ořechy nezlátnou. Odstraňte z ohně a přesuňte ořechy a olej do malé misky, abyste zastavili vaření.
e) Chcete-li podávat, rozložte zeleninu na velký servírovací talíř a pokapejte tahini. Navrch nasypte piniové oříšky a jejich olej, poté za'atar a petržel.

36. Míchaný fazolový salát

Vyrábí: 4

INGREDIENCE

- 10 oz / 280 g žlutých fazolí, ořezaných (pokud nejsou k dispozici, zdvojnásobte množství zelených fazolí)
- 10 oz / 280 g zelených fazolek, ořezané
- 2 červené papriky, nakrájené na ¼-palcové / 0,5 cm proužky
- 3 lžíce olivového oleje, plus 1 lžička na papriky
- 3 stroužky česneku, nakrájené na tenké plátky
- 6 lžic / 50 g kapar, opláchněte a osušte
- 1 lžička semínek kmínu
- 2 lžičky semínek koriandru
- 4 zelené cibule, nakrájené na tenké plátky
- ⅓ šálku / 10 g estragonu, nahrubo nasekaný
- ⅔ šálku / 20 g natrhaných listů žeruchy (nebo směs natrhaného kopru a strouhané petrželky)
- nastrouhaná kůra z 1 citronu
- sůl a čerstvě mletý černý pepř

INSTRUKCE

a) Předehřejte troubu na 450 °F / 220 °C.
b) Přiveďte k varu velkou pánev s velkým množstvím vody a přidejte žluté fazole. Po 1 minutě přidejte zelené fazolky a vařte další 4 minuty, nebo dokud nejsou fazole provařené, ale stále křupavé. Osvěžte pod ledovou vodou, sceďte, osušte a vložte do velké mixovací nádoby.
c) Papriky mezitím vhoďte do 1 lžičky oleje, rozprostřete na plech a vložte do trouby na 5 minut nebo do změknutí. Vyjměte z trouby a přidejte do mísy s uvařenými fazolemi.
d) V malém hrnci rozehřejte 3 lžíce olivového oleje. Přidejte česnek a vařte 20 sekund; přidejte kapary (pozor, plivou!) a opékejte dalších 15 sekund. Přidejte semínka římského kmínu a koriandru a pokračujte ve smažení dalších 15 sekund. Česnek by už měl zezlátnout. Sundejte z plotny a obsah pánve ihned nalijte na fazole. Vhoďte a přidejte zelenou cibulku, bylinky, citronovou kůru, štědrou ¼ lžičky soli a černý pepř.
e) Podávejte nebo uchovávejte v chladu až jeden den. Jen nezapomeňte před podáváním přivést zpět na pokojovou teplotu.

37. Slaw z kořenové zeleniny s labneh

Vyrábí: 6

INGREDIENCE
- 3 střední řepy (celkem 1 lb / 450 g)
- 2 střední mrkve (celkem 9 uncí / 250 g)
- ½ kořene celeru (10 oz / 300 g celkem)
- 1 středně velká kedlubna (9 oz / 250 g celkem)
- 4 lžíce čerstvě vymačkané citronové šťávy
- 4 lžíce olivového oleje
- 3 lžíce sherry octa
- 2 lžičky superjemného cukru
- ¾ šálku / 25 g listů koriandru, hrubě nasekaných
- ¾ šálku / 25 g lístků máty, nastrouhaných
- ⅔ šálku / 20 g listové petrželky, nahrubo nasekané
- ½ lžičky nastrouhané citronové kůry
- 1 šálek / 200 g labneh (koupeno v obchodě nebo viz recept)
- sůl a čerstvě mletý černý pepř
- Všechnu zeleninu oloupeme a nakrájíme na tenké plátky, asi 1/16 malé pálivé chilli papričky, nakrájené nadrobno

INSTRUKCE
a) Do malého hrnce dejte citronovou šťávu, olivový olej, ocet, cukr a 1 lžičku soli. Přiveďte k mírnému varu a míchejte, dokud se cukr a sůl nerozpustí. Sundejte z plotny.
b) Proužky zeleniny sceďte a přendejte na papírovou utěrku, aby dobře oschly. Osušte misku a vyměňte zeleninu. Zeleninu přelijte horkou zálivkou, dobře promíchejte a nechte vychladnout. Dejte do lednice alespoň na 45 minut.
c) Až budete připraveni k podávání, přidejte do salátu bylinky, citronovou kůru a 1 lžičku černého pepře. Dobře promícháme, ochutnáme a v případě potřeby dosolíme. Naskládejte na servírovací talíře a podávejte s trochou labneh na boku.

38.Smažená rajčata s česnekem

Dělá: 2 až 4

INGREDIENCE
- 3 velké stroužky česneku, rozdrcené
- ½ malého horkého chilli, jemně nasekané
- 2 lžíce nasekané ploché petrželky
- 3 velká, zralá, ale pevná rajčata (celkem asi 1 lb / 450 g)
- 2 lžíce olivového oleje
- Mořská sůl Maldon a čerstvě mletý černý pepř
- rustikální chléb, sloužit

INSTRUKCE

a) Smíchejte česnek, chilli a nasekanou petrželku v malé misce a dejte stranou. Nahoře rajčata a ocas a nakrájejte svisle na plátky o tloušťce asi ⅔ palce / 1,5 cm.

b) Ve velké pánvi rozehřejte olej na středním plameni. Přidejte plátky rajčat, dochuťte solí a pepřem a vařte asi 1 minutu, poté otočte, znovu dochuťte solí a pepřem a potřete česnekovou směsí. Pokračujte ve vaření ještě asi minutu, občas pánví zatřeste, pak plátky znovu otočte a vařte ještě několik sekund, dokud nebudou měkké, ale ne kašovité.

c) Rajčata otočte na talíř, přelijte šťávou z pánve a ihned podávejte spolu s chlebem.

39. Smažený květák s tahini

Vyrábí: 6

INGREDIENCE
- 2 šálky / 500 ml slunečnicového oleje
- 2 středně velké květáky (2¼ lb / 1 kg celkem), rozdělené na malé růžičky
- 8 zelených cibulí, každá rozdělená na 3 dlouhé segmenty
- ¾ šálku / 180 g světlé tahini pasty
- 2 stroužky česneku, rozdrcené
- ¼ šálku / 15 g ploché petržele, nasekané
- ¼ šálku / 15 g nasekané máty, plus navíc na závěr
- ⅔ šálku / 150 g řeckého jogurtu
- ¼ šálku / 60 ml čerstvě vymačkané citronové šťávy plus nastrouhaná kůra z 1 citronu
- 1 lžička melasy z granátového jablka a navíc na závěr
- asi ¾ šálku / 180 ml vody
- Mořská sůl Maldon a čerstvě mletý černý pepř

INSTRUKCE

a) Zahřejte slunečnicový olej ve velkém hrnci umístěném na středně vysokou teplotu. Pomocí kovových kleští nebo kovové lžičky opatrně vložte několik růžiček květáku najednou do oleje a opékejte je 2 až 3 minuty a otočte je, aby se rovnoměrně obarvily. Jakmile jsou dozlatova opečené, pomocí děrované lžíce zvedněte růžičky do cedníku, aby odkapaly. Posypte trochou soli. Pokračujte v dávkách, dokud nedokončíte všechen květák. Poté smažte zelenou cibulku po dávkách, ale jen asi 1 minutu. Přidejte ke květáku. Obojí necháme trochu vychladnout.

b) Nalijte tahini pastu do velké mísy a přidejte česnek, nasekané bylinky, jogurt, citronovou šťávu a kůru, melasu z granátového jablka a trochu soli a pepře. Při přidávání vody dobře promíchejte dřevěnou lžící. Tahini omáčka zhoustne a poté se uvolní, když přidáte vodu. Nepřidávejte příliš mnoho, jen tolik, abyste získali hustou, ale hladkou, tekutou konzistenci, trochu jako med.

c) Přidejte květák a zelenou cibulku do tahini a dobře promíchejte. Ochutnejte a upravte koření. Můžete také přidat více citronové šťávy.

d) Chcete-li podávat, nalijte do servírovací misky a zakončete několika kapkami melasy z granátového jablka a trochou máty.

40.Tabbouleh

Dělá: 4 VELKY

INGREDIENCE
- ½ šálku / 30 g jemného pšeničného bulguru
- 2 velká rajčata, zralá, ale pevná (10½ unce / 300 g celkem)
- 1 šalotka nakrájená najemno (3 polévkové lžíce / 30 g celkem)
- 3 lžíce čerstvě vymačkané citronové šťávy plus něco navíc na závěr
- 4 velké svazky plocholisté petrželky (5½ unce / 160 g celkem)
- 2 svazky máty (1 oz / 30 g celkem)
- 2 lžičky mletého nového koření
- 1 lžička směsi koření baharat (koupeno v obchodě nebo viz recept)
- ½ šálku / 80 ml vysoce kvalitního olivového oleje
- semínka asi ½ velkého granátového jablka (½ šálku / 70 g celkem), volitelně
- sůl a čerstvě mletý černý pepř

INSTRUKCE

a) Bulgur dejte do jemného síta a slijte pod studenou vodou, dokud nebude protékající voda čirá a nebude odstraněna většina škrobu. Přeneste do velké mixovací nádoby.

b) Pomocí malého zoubkovaného nože nakrájejte rajčata na plátky o tloušťce 0,5 cm. Každý plátek nakrájejte na proužky ¼ palce / 0,5 cm a poté na kostky. Do mísy přidejte rajčata a jejich šťávu, spolu se šalotkou a citronovou šťávou a dobře promíchejte.

c) Vezměte pár snítek petrželky a pevně je zabalte. Pomocí velkého, velmi ostrého nože odřízněte většinu stonků a vyhoďte. Nyní nožem posuňte stonky a listy nahoru, postupně nůž „podávejte", abyste nasekali petržel co nejjemněji, a snažte se nekrájet kousky širší než 1/16 palce / 1 mm. Přidejte do misky.

d) Otrhejte lístky máty ze stonků, pár jich pevně sbalte a nasekejte najemno jako petržel; příliš je nekrájejte, protože mají tendenci odbarvovat se. Přidejte do misky.

e) Nakonec přidejte nové koření, baharat, olivový olej, granátové jablko, pokud používáte, a trochu soli a pepře. Ochutnejte a podle chuti přidejte ještě sůl a pepř, případně trochu citronové šťávy a podávejte.

41.Sabih

Vyrábí: 4

INGREDIENCE
- 2 velké lilky (cca 1⅔ lb / 750 g celkem)
- asi 1¼ šálku / 300 ml slunečnicového oleje
- 4 plátky kvalitního bílého chleba, opečený nebo čerstvý a vlhký mini pitas
- 1 šálek / 240 ml omáčky Tahini
- 4 velká vejce z volného výběhu, natvrdo uvařená, oloupaná a nakrájená na ⅜ palce / 1 cm silné plátky nebo na čtvrtky
- asi 4 polévkové lžíce Zhoug
- amba nebo pikantní mangový nálev (volitelně)
- sůl a čerstvě mletý černý pepř

SEKANÝ SALÁT
- 2 středně zralá rajčata, nakrájená na ⅜-inch / 1 cm kostky (cca 1 šálek / 200 g celkem)
- 2 mini okurky, nakrájené na ⅜-inch / 1 cm kostky (cca 1 šálek / 120 g celkem)
- 2 zelené cibule, nakrájené na tenké plátky
- 1½ lžíce nasekané ploché petrželky
- 2 lžičky čerstvě vymačkané citronové šťávy
- 1½ lžíce olivového oleje

INSTRUKCE

a) Pomocí škrabky na zeleninu oloupejte proužky slupky lilku shora dolů, přičemž lilky ponechte střídavě proužky černé slupky a bílé dužniny, zebralike. Oba lilky nakrájejte po šířce na plátky o tloušťce 2,5 cm. Posypte je z obou stran solí, poté je rozložte na plech a nechte alespoň 30 minut odstát, aby se odstranila voda. K jejich otření použijte papírové utěrky.

b) V široké pánvi rozehřejte slunečnicový olej. Opatrně – olej vyplivne – opékejte plátky lilku po dávkách, dokud nebudou pěkné a tmavé, jednou otočte, celkem 6 až 8 minut. V případě potřeby přidejte olej, když vaříte dávky. Po dokončení by měly být kousky lilku uprostřed zcela měkké. Vyjměte z pánve a nechte okapat na papírových utěrkách.

c) Nakrájený salát připravíme smícháním všech ingrediencí a dochutíme solí a pepřem podle chuti.
d) Těsně před podáváním položte na každý talíř 1 krajíc chleba nebo pita. Na každý plátek nalijte 1 polévkovou lžíci tahini omáčky a navrch položte plátky lilku tak, aby se překrývaly. Pokapejte ještě trochou tahini, ale zcela nezakryjte plátky lilku. Každý plátek vejce osolte, opepřete a položte na lilek. Nahoře pokapejte ještě tahini a nalijte tolik zhougu, kolik chcete; pozor, je horko! Pokud chcete, přelijte také nálev z manga. Zeleninový salát podávejte bokem a podle potřeby přidejte trochu na každou porci.

POLÉVKY

42.Shorbat Khodar (zeleninová polévka)

SLOŽENÍ:
- 1 cibule, nakrájená
- 2 mrkve, nakrájené na kostičky
- 2 cukety, nakrájené na kostičky
- 1 brambor, nakrájený na kostičky
- 1/2 šálku zelených fazolek, nakrájených
- 1/4 šálku čočky
- 1 lžička mletého kmínu
- 1 lžička mletého koriandru
- 6 šálků zeleninového vývaru
- Čerstvá petrželka, nasekaná (na ozdobu)
- Olivový olej na pokapání
- Sůl a pepř na dochucení

INSTRUKCE:
a) V hrnci orestujte cibuli, dokud nebude průhledná.
b) Přidejte mrkev, cuketu, brambory, zelené fazolky, čočku, kmín a koriandr. Dobře promíchejte.
c) Zalijeme zeleninovým vývarem a přivedeme k varu. Snižte teplotu a vařte, dokud zelenina nezměkne.
d) Dochuťte solí a pepřem. Před podáváním ozdobte čerstvou petrželkou a pokapejte olivovým olejem.

43. Zeleninová Shurbah

SLOŽENÍ:
- 2 lžíce rostlinného oleje
- 1 cibule, nakrájená nadrobno
- 2 mrkve, oloupané a nakrájené na kostičky
- 2 brambory, oloupané a nakrájené na kostičky
- 1 cuketa, nakrájená na kostičky
- 1 šálek zelených fazolek, nakrájených
- 2 rajčata, nakrájená na kostičky
- 3 stroužky česneku, nasekané
- 1 lžička mletého kmínu
- 1 lžička mletého koriandru
- 1 lžička mleté kurkumy
- Sůl a pepř na dochucení
- 6 šálků zeleninového vývaru
- 1/2 šálku nudlí nebo malých těstovin
- Čerstvá petrželka na ozdobu

INSTRUKCE:
a) Ve velkém hrnci rozehřejte na středním plameni rostlinný olej. Přidejte nakrájenou cibuli a nasekaný česnek, restujte do změknutí.
b) Do hrnce přidejte nakrájenou mrkev, brambory, cuketu, zelené fazolky a rajčata. Vařte asi 5 minut, občas promíchejte.
c) Zeleninu posypte mletým kmínem, koriandrem, kurkumou, solí a pepřem. Dobře promíchejte, aby se zelenina obalila kořením.
d) Zalijte zeleninovým vývarem a směs přiveďte k varu. Jakmile se vaří, snižte plamen na mírný plamen a nechte vařit asi 15–20 minut, nebo dokud zelenina nezměkne.
e) Do hrnce přidejte nudle nebo malé těstoviny a vařte podle návodu na obalu do al dente.
f) V případě potřeby upravte koření a nechte polévku provařit dalších 5 minut, aby se chutě propojily.
g) Podáváme horké, ozdobené čerstvou petrželkou.

44. Polévka z řeřichy a cizrny s růžovou vodou

SLOŽENÍ:
- 2 střední mrkve (celkem 9 oz / 250 g), nakrájené na kostičky ¾ palce / 2 cm
- 3 lžíce olivového oleje
- 2½ lžičky ras el hanout
- ½ lžičky mleté skořice
- 1½ šálku / 240 g vařené cizrny, čerstvé nebo konzervované
- 1 střední cibule, nakrájená na tenké plátky
- 2½ polévkové lžíce / 15 g oloupaného a jemně nasekaného čerstvého zázvoru
- 2½ šálku / 600 ml zeleninového vývaru
- 7 uncí / 200 g řeřichy
- 3½ unce / 100 g špenátových listů
- 2 lžičky superjemného cukru
- 1 lžička růžové vody
- sůl
- Řecký jogurt, k podávání (volitelné)
- Předehřejte troubu na 425 °F / 220 °C.

INSTRUKCE
a) Smíchejte mrkev s 1 lžící olivového oleje, ras el hanout, skořicí a štědrou špetkou soli a rozprostřete na plech vyložený pečicím papírem. Vložte do trouby na 15 minut, poté přidejte polovinu cizrny, dobře promíchejte a vařte dalších 10 minut, dokud mrkev nezměkne, ale stále kousne.
b) Mezitím dejte cibuli a zázvor do velkého hrnce. Na zbylém olivovém oleji restujte na středním plameni asi 10 minut, dokud cibule nezměkne a nezezlátne. Přidejte zbývající cizrnu, vývar, řeřichu, špenát, cukr a ¾ lžičky soli, dobře promíchejte a přiveďte k varu. Vařte minutu nebo dvě, dokud listy nezvadnou.
c) Pomocí kuchyňského robota nebo mixéru polévku rozmixujte dohladka. Přidejte růžovou vodu, promíchejte, ochutnejte a přidejte více soli nebo růžové vody, pokud chcete. Nechte stranou, dokud nebude mrkev a cizrna hotové, a poté prohřejte, abyste mohli podávat.
d) Pro podávání rozdělte polévku do čtyř misek a navrch přidejte horkou mrkev a cizrnu a pokud chcete, asi 2 lžičky jogurtu na porci.

45. Horká polévka z jogurtu a ječmene

SLOŽENÍ:
- 6¾ šálků / 1,6 litru vody
- 1 šálek / 200 g kroupicového ječmene
- 2 střední cibule, nakrájené nadrobno
- 1½ lžičky sušené máty
- 4 polévkové lžíce / 60 g nesoleného másla
- 2 velká vejce, rozšlehaná
- 2 šálky / 400 g řeckého jogurtu
- ⅔ unce / 20 g čerstvé máty, nasekané
- ⅓ oz / 10 g plocholisté petrželky, nasekané
- 3 zelené cibule, nakrájené na tenké plátky
- sůl a čerstvě mletý černý pepř

INSTRUKCE
a) Vodu s ječmenem přiveďte k varu ve velkém hrnci, přidejte 1 lžičku soli a vařte, dokud není ječmen uvařený, ale stále al dente, 15 až 20 minut. Sundejte z plotny. Po uvaření budete na polévku potřebovat 4¾ šálků / 1,1 litru tekutiny na vaření; doplňte vodou, pokud vám zbyde méně kvůli odpařování.
b) Zatímco se ječmen vaří, orestujte na středním plameni na másle cibuli a sušenou mátu, dokud nezměknou, asi 15 minut. To přidáme k uvařenému ječmenu.
c) Ve velké žáruvzdorné míse prošlehejte vejce a jogurt. Pomalu vmíchejte část ječmene a vodu, jednu naběračku, dokud se jogurt neohřeje. Tím se jogurt a vejce temperují a zabrání se jejich štěpení po přidání do horké tekutiny.
d) Přidejte jogurt do polévkového hrnce a za stálého míchání vraťte na střední oheň, dokud polévka nezhoustne. Odstraňte z ohně, přidejte nakrájené bylinky a zelenou cibulku a zkontrolujte koření.
e) Podávejte horké.

46.Pistáciová polévka

SLOŽENÍ:
- 2 lžíce vroucí vody
- ¼ lžičky šafránových nití
- 1⅔ šálku / 200 g vyloupaných nesolených pistácií
- 2 lžíce / 30 g nesoleného másla
- 4 šalotky, jemně nasekané (3½ unce / 100 g celkem)
- 1 oz / 25 g zázvoru, oloupaného a jemně nasekaného
- 1 pórek, jemně nakrájený (1 ¼ šálku / 150 g celkem)
- 2 lžičky mletého kmínu
- 3 šálky / 700 ml zeleninového vývaru
- ⅓ šálku / 80 ml čerstvě vymačkané pomerančové šťávy
- 1 polévková lžíce čerstvě vymačkané citronové šťávy
- sůl a čerstvě mletý černý pepř
- zakysaná smetana, podávat

INSTRUKCE:
a) Předehřejte troubu na 350 °F / 180 °C. Šafránové nitě v malém hrnku zalijte vroucí vodou a nechte 30 minut louhovat.
b) Chcete-li odstranit slupky z pistácií, blanšírujte ořechy ve vroucí vodě po dobu 1 minuty, sceďte a ještě horké odstraňte slupky tak, že ořechy stisknete mezi prsty. Ne všechny slupky se zbaví jako u mandlí – to je v pořádku, protože to neovlivní polévku – ale odstraněním části slupky se zlepší barva a bude světlejší zelená. Pistácie rozložte na plech a pečte v troubě 8 minut. Vyjměte a nechte vychladnout.
c) Ve velkém hrnci rozehřejte máslo a přidejte šalotku, zázvor, pórek, kmín, ½ lžičky soli a trochu černého pepře. Na středním plameni restujte za častého míchání 10 minut, dokud šalotka nezměkne. Přidejte vývar a polovinu šafránové tekutiny. Zakryjte pánev, snižte teplotu a nechte polévku 20 minut vařit.
d) Všechny kromě 1 polévkové lžíce pistácií dejte do velké mísy spolu s polovinou polévky. Pomocí ručního mixéru rozmixujte do hladka a poté vraťte do hrnce. Přidejte pomerančovou a citronovou šťávu, prohřejte a dochuťte, abyste upravili koření.
e) Pro podávání nahrubo nasekejte odložené pistácie. Horkou polévku přendejte do misek a navrch dejte lžíci zakysané smetany. Posypte pistáciemi a pokapejte zbylou šafránovou tekutinou.

47.Spálený lilek a polévka Mograbieh

SLOŽENÍ:
- 5 malých lilků (celkem asi 2½ lb / 1,2 kg)
- slunečnicový olej, na smažení
- 1 cibule, nakrájená na plátky (cca 1 šálek / 125 g celkem)
- 1 lžíce čerstvě mletého kmínu
- 1½ lžičky rajčatového protlaku
- 2 velká rajčata (celkem 12 oz / 350 g), zbavená kůže a nakrájená na kostičky
- 1½ šálku / 350 ml zeleninového vývaru
- 1⅔ šálku / 400 ml vody
- 4 stroužky česneku, rozdrcené
- 2½ lžičky cukru
- 2 lžíce čerstvě vymačkané citronové šťávy
- ⅓ šálku / 100 g mograbieh nebo alternativy, jako je maftoul, fregola nebo obří kuskus (viz část o kuskusu)
- 2 lžíce drcené bazalky nebo 1 lžíce nasekaného kopru, volitelně
- sůl a čerstvě mletý černý pepř

INSTRUKCE:

a) Začněte spálením tří lilků. Postupujte podle pokynů pro Spálený lilek s česnekem, citronem a semínky granátového jablka .

b) Zbývající lilky nakrájejte na 1,5 cm kostky. Zahřejte asi ⅔ šálku / 150 ml oleje ve velkém hrnci na středně vysokou teplotu. Když je horký, přidejte kostičky lilku. Smažíme 10 až 15 minut za častého míchání, dokud se vše nezbarví; v případě potřeby přidejte trochu oleje, aby v pánvi bylo vždy trochu oleje. Lilek vyjmeme, dáme do cedníku okapat a posypeme solí.

c) Ujistěte se, že vám v pánvi zbyla asi 1 lžíce oleje, poté přidejte cibuli a kmín a za častého míchání opékejte asi 7 minut. Přidejte rajčatovou pastu a vařte další minutu, než přidáte rajčata, vývar, vodu, česnek, cukr, citronovou šťávu, 1½ lžičky soli a trochu černého pepře. Mírně dusíme 15 minut.

d) Mezitím přiveďte k varu malý hrnec s osolenou vodou a přidejte mograbieh nebo alternativu. Vařte do al dente; to se bude lišit podle značky, ale mělo by to trvat 15 až 18 minut (zkontrolujte balíček). Sceďte a osvěžte pod studenou vodou.

e) Spálenou dužinu lilku přeneste do polévky a ručním mixérem rozmixujte na hladkou tekutinu. Přidejte mograbieh a smažený lilek, část si nechte na ozdobu na konec a vařte další 2 minuty. Ochutnejte a upravte koření. Podávejte horké, s rezervovaným mograbieh a smaženým lilkem nahoře a ozdobené bazalkou nebo koprem, chcete-li.

48.Rajčatová a kvásková polévka

SLOŽENÍ:
- 2 lžíce olivového oleje, plus navíc na závěr
- 1 velká cibule, nakrájená (1⅔ šálku / 250 g celkem)
- 1 lžička semínek kmínu
- 2 stroužky česneku, rozdrcené
- 3 šálky / 750 ml zeleninového vývaru
- 4 velká zralá rajčata, nakrájená (4 šálky / 650 g celkem)
- jedna plechovka 14 oz / 400 g nakrájených italských rajčat
- 1 lžíce superjemného cukru
- 1 plátek kváskového chleba (1½ unce / 40 g celkem)
- 2 lžíce nasekaného koriandru a navíc na závěr
- sůl a čerstvě mletý černý pepř

INSTRUKCE:
a) Ve středním hrnci rozehřejte olej a přidejte cibuli. Za častého míchání restujte asi 5 minut, dokud cibule nezezlátne. Přidejte kmín a česnek a opékejte 2 minuty. Zalijte vývarem, oběma druhy rajčat, cukrem, 1 lžičkou soli a dobře mletým černým pepřem.

b) Polévku přiveďte k mírnému varu a vařte 20 minut, v polovině vaření přidejte chléb nakrájený na kousky.

c) Nakonec přidejte koriandr a poté pomocí mixéru pár pulsů rozmixujte, aby se rajčata rozpadla, ale byla stále trochu hrubá a hrubá. Polévka by měla být docela hustá; přidejte trochu vody, pokud je v tuto chvíli příliš hustá. Podávejte pokapané olejem a posypané čerstvým koriandrem.

SALÁTY

49.Salát z rajčat a okurky

SLOŽENÍ:
- 4 rajčata, nakrájená na kostičky
- 2 okurky, nakrájené na kostičky
- 1 červená cibule, nakrájená nadrobno
- 1 zelené chilli papričky nakrájené najemno
- Čerstvý koriandr, nasekaný
- Šťáva ze 2 citronů
- Sůl a pepř na dochucení

INSTRUKCE:
a) Smíchejte rajčata, okurky, červenou cibuli, zelené chilli a koriandr v misce.
b) Přidejte citronovou šťávu, sůl a pepř. Kombinujte přehazováním.
c) Před podáváním vychlaďte hodinu v lednici.

50.Cizrnový salát (Salatat Hummus)

SLOŽENÍ:
- 2 šálky uvařené cizrny
- 1 okurka, nakrájená na kostičky
- 1 rajče, nakrájené na kostičky
- 1/2 červené cibule, nakrájené nadrobno
- 1/4 šálku nasekané čerstvé máty
- 1/4 šálku nasekané čerstvé petrželky
- Šťáva z 1 citronu
- 2 lžíce olivového oleje
- Sůl a pepř na dochucení

INSTRUKCE:
a) V misce smíchejte cizrnu, okurku, rajče, červenou cibuli, mátu a petržel.
b) Pokapejte citronovou šťávou a olivovým olejem.
c) Dochuťte solí a pepřem.
d) Salát dobře promícháme a podáváme vychlazený.

51.Salát Tabbouleh

SLOŽENÍ:
- 1 šálek pšeničného bulguru, namočený v horké vodě po dobu 1 hodiny
- 2 šálky čerstvé petrželky, jemně nasekané
- 1 šálek čerstvých lístků máty, jemně nasekaných
- 4 rajčata, nakrájená nadrobno
- 1 okurka, nakrájená nadrobno
- 1/2 šálku červené cibule, jemně nakrájené
- Šťáva ze 3 citronů
- Olivový olej
- Sůl a pepř na dochucení

INSTRUKCE:
a) Namočený bulgur sceďte a dejte do velké mísy.
b) Přidejte nasekanou petržel, mátu, rajčata, okurku a červenou cibuli.
c) V malé misce prošlehejte citrónovou šťávu a olivový olej. Nalijte na salát.
d) Dochuťte solí a pepřem. Před podáváním dobře promíchejte a dejte do lednice alespoň na 30 minut.

52.Fattoush salát

SLOŽENÍ:
- 2 šálky míchaného zeleného salátu (hlávkový salát, rukola, radicchio)
- 1 okurka, nakrájená na kostičky
- 2 rajčata, nakrájená na kostičky
- 1 červená paprika, nakrájená
- 1/2 šálku ředkviček, nakrájené na plátky
- 1/4 šálku čerstvých lístků máty, nasekaných
- 1/4 šálku čerstvé petrželky, nasekané
- 1/4 šálku olivového oleje
- Šťáva z 1 citronu
- 1 lžička sumaku
- Sůl a pepř na dochucení
- Pita chléb, opečený a nalámaný na kousky

INSTRUKCE:
a) Ve velké misce smíchejte salát, okurku, rajčata, papriku, ředkvičky, mátu a petržel.
b) V malé misce prošlehejte olivový olej, citronovou šťávu, škumpu, sůl a pepř.
c) Zálivkou přelijte salát a promíchejte, aby se spojil.
d) Před podáváním navrch dejte opečené kousky pita chleba.

53. Salát z květáku, fazolí a rýže

SLOŽENÍ:
NA SALÁT:
- 1 šálek vařené basmati rýže, vychladlé
- 1 malá hlavička květáku, nakrájená na růžičky
- 1 plechovka (15 oz) fazolí, scezená a propláchnutá
- 1/2 šálku nasekané čerstvé petrželky
- 1/4 šálku nasekaných čerstvých lístků máty
- 1/4 šálku nakrájené zelené cibule

NA DRESEK:
- 3 lžíce olivového oleje
- 2 lžíce citronové šťávy
- 1 lžička mletého kmínu
- 1 lžička mletého koriandru
- Sůl a pepř na dochucení

INSTRUKCE:
a) Předehřejte troubu na 400 °F (200 °C).
b) Růžičky květáku pokapejte trochou olivového oleje, soli a pepře.
c) Rozložte je na plech a opékejte asi 20–25 minut nebo do zlatohnědé a měkké. Nechte vychladnout.
d) Basmati rýži uvaříme podle návodu na obalu. Po upečení nechte vychladnout na pokojovou teplotu.
e) V malé misce smíchejte olivový olej, citronovou šťávu, mletý kmín, mletý koriandr, sůl a pepř. Upravte koření podle své chuti.
f) Ve velké salátové míse smíchejte vychladlou rýži, pečený květák, fazole, nasekanou petrželku, nasekanou mátu a nakrájenou zelenou cibulku.
g) Suroviny na salát přelijte zálivkou a jemně promíchejte, dokud není vše dobře obalené.
h) Salát před podáváním dejte alespoň na 30 minut do lednice, aby se chutě propojily.
i) Podávejte vychlazené a podle potřeby ozdobte dalšími čerstvými bylinkami.

54.Datle a ořechový salát

SLOŽENÍ:
- 1 šálek míchaného zeleného salátu
- 1 šálek datlí, vypeckovaných a nakrájených
- 1/2 šálku vlašských ořechů, nasekaných
- 1/4 šálku sýra feta, rozdrobený
- Balsamico vinaigrette dresink

INSTRUKCE:
a) Zelený salát naaranžujte na servírovací talíř.
b) Zeleninu posypte nasekanými datlemi, vlašskými ořechy a rozdrobeným sýrem feta.
c) Pokapejte dresinkem balsamico vinaigrette.
d) Před podáváním jemně promíchejte.

55. Salát z mrkve a pomeranče

SLOŽENÍ:
- 4 šálky nastrouhané mrkve
- 2 pomeranče, oloupané a nakrájené na plátky
- 1/4 šálku rozinek
- 1/4 šálku nasekaných pistácií
- Oranžový vinaigrette dresink

INSTRUKCE:
a) Ve velké misce smíchejte nakrájenou mrkev, kousky pomeranče, rozinky a pistácie.
b) Pokapejte dresinkem z pomerančového vinaigrette.
c) Před podáváním dobře promíchejte a dejte do lednice alespoň na 30 minut.

56.Quinoa salát

SLOŽENÍ:
- 1 šálek vařené quinoa
- 1 šálek cherry rajčat, napůl
- 1 okurka, nakrájená na kostičky
- 1/2 šálku sýra feta, rozdrobený
- 1/4 šálku oliv Kalamata, nakrájené na plátky
- Čerstvé oregano, nakrájené
- Olivový olej
- ocet z červeného vína
- Sůl a pepř na dochucení

INSTRUKCE:
a) Ve velké míse smíchejte uvařenou quinou, cherry rajčata, okurku, sýr feta, olivy a čerstvé oregano.
b) Zakápněte olivovým olejem a červeným vinným octem.
c) Dochuťte solí a pepřem. Před podáváním jemně promíchejte.

57.Salát z červené řepy a jogurtu

SLOŽENÍ:
- 2 středně velké červené řepy, vařené a nakrájené na kostičky
- 1 šálek jogurtu
- 2 stroužky česneku, mleté
- Sůl, podle chuti
- Nakrájené lístky máty na ozdobu

INSTRUKCE:
a) V misce smícháme na kostičky nakrájenou červenou řepu a jogurt.
b) Přidejte nasekaný česnek a sůl, dobře promíchejte.
c) Ozdobte nasekanými lístky máty.
d) Před podáváním vychlaďte.

58.Zelný salát

SLOŽENÍ:
- 1 malé zelí, nakrájené najemno
- 1 mrkev, nastrouhaná
- 1/2 šálku majonézy
- 1 lžíce bílého octa
- 1 lžíce cukru
- Sůl a pepř na dochucení

INSTRUKCE:
a) Ve velké míse smíchejte nakrájené zelí a nastrouhanou mrkev.
b) V samostatné misce smíchejte majonézu, bílý ocet, cukr, sůl a pepř, abyste vytvořili dresink.
c) Zálivkou přelijte zelí směs a míchejte, dokud nebude dobře obalená.
d) Před podáváním vychlaďte.

59.Čočkový salát (reklamy na salát)

SLOŽENÍ:
- 1 šálek vařené hnědé čočky
- 1 okurka, nakrájená na kostičky
- 1 rajče, nakrájené na kostičky
- 1 červená cibule, nakrájená nadrobno
- Čerstvý koriandr, nasekaný
- Olivový olej
- Citronová šťáva
- Mletý kmín
- Sůl a pepř na dochucení

INSTRUKCE:
a) V misce smíchejte uvařenou čočku, na kostičky nakrájenou okurku, na kostičky nakrájené rajče a nakrájenou červenou cibuli.
b) Pokapejte olivovým olejem a citronovou šťávou.
c) Přisypeme mletý kmín, čerstvý koriandr, sůl a pepř.
d) Salát jemně promícháme a podáváme vychlazený.

60.Kořeněná cizrna a zeleninový salát

Vyrábí: 4

INGREDIENCE

- ½ šálku / 100 g sušené cizrny
- 1 lžička jedlé sody
- 2 malé okurky (celkem 10 oz / 280 g)
- 2 velká rajčata (10½ unce / 300 g celkem)
- 8½ unce / 240 g ředkviček
- 1 červená paprika, zbavená semínek a žebra
- 1 malá červená cibule, oloupaná
- ⅔ unce / 20 g listů a stonků koriandru, hrubě nasekaných
- ½ unce / 15 g plocholisté petrželky, nasekané nahrubo
- 6 lžic / 90 ml olivového oleje
- nastrouhaná kůra z 1 citronu plus 2 lžíce šťávy
- 1½ lžíce sherry octa
- 1 stroužek česneku, rozdrcený
- 1 lžička superjemného cukru
- 1 lžička mletého kardamomu
- 1½ lžičky mletého nového koření
- 1 lžička mletého kmínu
- Řecký jogurt (volitelné)
- sůl a čerstvě mletý černý pepř

INSTRUKCE

a) Sušenou cizrnu namočte přes noc do velké mísy s velkým množstvím studené vody a jedlé sody. Druhý den scedíme, dáme do velkého kastrolu a podlijeme vodou o dvojnásobném objemu než cizrna. Přiveďte k varu a vařte se sbíráním případné pěny asi hodinu, dokud nezměkne, a poté sceďte.

b) Nakrájejte okurku, rajče, ředkvičky a papriku na kostky ⅔ palce / 1,5 cm; nakrájejte cibuli na ¼-palcové / 0,5 cm kostičky. Vše smícháme v misce s koriandrem a petrželkou.

c) Ve sklenici nebo uzavíratelné nádobě smíchejte 5 polévkových lžic / 75 ml olivového oleje, citronovou šťávu a kůru, ocet, česnek a cukr a dobře promíchejte, abyste vytvořili dresink, poté dochuťte solí a pepřem. Zálivkou přelijeme salát a lehce promícháme.

d) Smíchejte kardamom, nové koření, kmín a ¼ lžičky soli a rozložte na talíř. Uvařenou cizrnu vhoďte do směsi koření v několika dávkách, aby se dobře obalila. Zbylý olivový olej rozehřejte na pánvi na středním plameni a 2 až 3 minuty zlehka opékejte cizrnu, za mírného protřepávání pánví, aby se vařila rovnoměrně a nelepila se. Udržet v teple.
e) Salát rozdělte na čtyři talíře a urovnejte jej do velkého kruhu a navrch nasypte teplou kořeněnou cizrnu, aby byl okraj salátu čistý. Navrch můžete pokapat řeckým jogurtem, aby byl salát krémový.

61. Salát s pečeným květákem a lískovými oříšky

Dělá: 2 až 4

INGREDIENCE
- 1 květák rozlámaný na malé růžičky (celkem 1½ lb / 660 g)
- 5 lžic olivového oleje
- 1 velký řapíkatý celer, nakrájený pod úhlem na ¼-palcové / 0,5 cm plátky (⅔ šálku / 70 g celkem)
- 5 lžic / 30 g lískových ořechů se slupkou
- ⅓ šálku / 10 g malých plochých listů petržele, natrhaných
- ⅓ šálku / 50 g semínek granátového jablka (z asi ½ středního granátového jablka)
- velkorysá ¼ lžičky mleté skořice
- štědrá ¼ lžičky mletého nového koření
- 1 lžíce sherry octa
- 1½ lžičky javorového sirupu
- sůl a čerstvě mletý černý pepř

INSTRUKCE
a) Předehřejte troubu na 425 °F / 220 °C.
b) Smíchejte květák se 3 lžícemi olivového oleje, ½ lžičky soli a trochou černého pepře. Rozložte na pekáč a pečte na horním roštu 25 až 35 minut, dokud květák nezezlátne a jeho části nezezlátnou. Přendejte do velké mixovací nádoby a nechte vychladnout.
c) Snižte teplotu trouby na 325 °F / 170 °C. Lískové ořechy rozprostřete na plech vyložený pečicím papírem a opékejte 17 minut.
d) Ořechy nechte trochu vychladnout, poté je nahrubo nasekejte a přidejte ke květáku spolu se zbylým olejem a zbytkem ingrediencí. Promícháme, ochutnáme a dochutíme solí a pepřem. Podávejte při pokojové teplotě.

62.Pikantní mrkvový salát

Vyrábí: 4

INGREDIENCE
- 6 velkých mrkví, oloupaných (cca 1½ lb / 700 g celkem)
- 3 lžíce slunečnicového oleje
- 1 velká cibule, nadrobno nakrájená (2 šálky / 300 g celkem)
- 1 polévková lžíce Pilpelchuma nebo 2 polévkové lžíce harissy (koupeno v obchodě nebo viz recept)
- ½ lžičky mletého kmínu
- ½ lžičky kmínu, čerstvě mletého
- ½ lžičky cukru
- 3 lžíce jablečného octa
- 1½ šálku / 30 g listů rukoly
- sůl

INSTRUKCE

a) Mrkev dejte do velkého hrnce, zalijte vodou a přiveďte k varu. Snižte teplotu, přikryjte a vařte asi 20 minut, dokud mrkev nezměkne. Sceďte a jakmile dostatečně vychladne, nakrájejte na ¼-palcové / 0,5 cm plátky.

b) Zatímco se mrkev vaří, rozehřejte polovinu oleje na velké pánvi. Přidejte cibuli a vařte na středním plameni 10 minut, dokud nezezlátne.

c) Osmaženou cibulku vysypte do velké mixovací nádoby a přidejte pilpelchumu, kmín, kmín, ¾ lžičky soli, cukr, ocet a zbylý olej. Přidejte mrkev a dobře promíchejte. Nechte alespoň 30 minut odstát, aby chutě dozrály.

d) Salát naaranžujte na velký talíř a postupně ho posypte rukolou.

63.Salát z petrželky a ječmene

Vyrábí: 4

INGREDIENCE
- ¼ šálku / 40 g perličkového ječmene
- 5 uncí / 150 g sýra feta
- 5½ lžíce olivového oleje
- 1 lžička za'atar
- ½ lžičky semínek koriandru, lehce opražených a rozdrcených
- ¼ lžičky mletého kmínu
- 3 oz / 80 g plocholisté petržele, listy a jemné stonky
- 4 zelené cibule, jemně nakrájené (⅓ šálku / 40 g celkem)
- 2 stroužky česneku, rozdrcené
- ⅓ šálku / 40 g kešu oříšků, lehce opražených a nahrubo rozdrcených
- 1 zelená paprika, zbavená semínek a nakrájená na ⅜-inch / 1 cm kostky
- ½ lžičky mletého nového koření
- 2 lžíce čerstvě vymačkané citronové šťávy
- sůl a čerstvě mletý černý pepř

INSTRUKCE

a) Kroupy dejte do malého hrnce, zalijte velkým množstvím vody a vařte 30 až 35 minut, dokud nezměknou, ale s kousnutím. Nalijte do jemného sítka, protřepejte, abyste odstranili veškerou vodu, a přendejte do velké mísy.

b) Fetu nalámejte na hrubé kousky o velikosti asi ¾ palce / 2 cm a smíchejte v malé misce s 1 ½ lžíce olivového oleje, za'atarem, semínky koriandru a kmínem. Jemně promíchejte a nechte marinovat, zatímco budete připravovat zbytek salátu.

c) Petrželku nasekejte nadrobno a dejte do mísy se zelenou cibulkou, česnekem, kešu oříšky, pepřem, novým kořením, citronovou šťávou, zbylým olivovým olejem a vařeným ječmenem. Dobře promícháme a dochutíme. Chcete-li podávat, rozdělte salát na čtyři talíře a navrch dejte marinovanou fetu.

64.Masový salát z cukety a rajčat

Vyrábí: 6

INGREDIENCE
- 8 světle zelených cuket nebo běžných cuket (cca 2¼ lb / 1 kg celkem)
- 5 velkých, velmi zralých rajčat (1¾ lb / 800 g celkem)
- 3 lžíce olivového oleje, plus navíc na závěr
- 2½ šálku / 300 g řeckého jogurtu
- 2 stroužky česneku, rozdrcené
- 2 červené chilli papričky, zbavené semínek a nakrájené
- strouhaná kůra z 1 středního citronu a 2 lžíce čerstvě vymačkané citronové šťávy
- 1 lžíce datlového sirupu a navíc na závěr
- 2 šálky / 200 g vlašských ořechů, hrubě nasekaných
- 2 lžíce nasekané máty
- ⅔ unce / 20 g plocholisté petržele, nasekané
- sůl a čerstvě mletý černý pepř

INSTRUKCE

a) Předehřejte troubu na 425 °F / 220 °C. Umístěte rýhovanou pánev na vysokou teplotu.

b) Cukety oloupeme a rozpůlíme podélně. Rajčata také rozpůlíme. Cuketu a rajčata potřeme na řezné straně olivovým olejem a dochutíme solí a pepřem.

c) Nyní by měla být pánev horká. Začněte s cuketou. Umístěte několik z nich na pánev řeznou stranou dolů a vařte 5 minut; cuketa by měla být z jedné strany pěkně připálená. Nyní vyjměte cuketu a opakujte stejný postup s rajčaty. Zeleninu dejte do pekáče a dejte do trouby na cca 20 minut, dokud cuketa nezměkne.

d) Vyjměte pánev z trouby a nechte zeleninu mírně vychladnout. Nakrájejte je nahrubo a nechte 15 minut okapat v cedníku.

e) Ve velké míse prošlehejte jogurt, česnek, chilli, citronovou kůru a šťávu a melasu. Přidejte nakrájenou zeleninu, vlašské ořechy, mátu a většinu petržely a dobře promíchejte. Dochuťte ¾ lžičky soli a trochou pepře.

f) Salát přendejte na velký mělký servírovací talíř a rozložte jej. Ozdobte zbylou petrželkou. Nakonec zakápněte trochu datlového sirupu a olivového oleje.

DEZERT

65. Pudink z růžové vody (Mahalabiya)

SLOŽENÍ:
- 1/2 šálku rýžové mouky
- 4 šálky mléka
- 1 hrnek cukru
- 1 lžička růžové vody
- Nakrájené pistácie na ozdobu

INSTRUKCE:
a) V míse rozpustíme rýžovou mouku v malém množství mléka, aby vznikla hladká pasta.
b) V hrnci zahřejte na středním plameni zbývající mléko a cukr.
c) Do hrnce přidáme pastu z rýžové mouky a za stálého míchání mícháme, dokud směs nezhoustne.
d) Sundejte z plotny a vmíchejte růžovou vodu.
e) Směs nalijte do servírovacích misek a nechte vychladnout.
f) Po ztuhnutí chlaďte do vychladnutí.
g) Před podáváním ozdobte nasekanými pistáciemi.

66. Halwa (sladký želé dezert)

SLOŽENÍ:
- 1/2 šálku kukuřičné mouky
- 2 šálky vody
- 1 hrnek třtinového cukru
- 2 lžíce nasekaných kešu ořechů (nebo mandle či pistácie)
- 1 lžíce másla
- 1/4 lžičky mletého kardamomu
- 2 špetky růžové vody
- 1 špetka šafránových nití

INSTRUKCE:
a) Smíchejte kukuřičnou mouku (1/2 šálku) ve vodě (2 šálky) a dejte stranou.
b) Na pánvi se silným dnem zkaramelizujte Mulčový cukr (1 šálek). Snižte plamen a přidejte vodu smíchanou s kukuřičnou moukou. Zpočátku může karamelizovaný cukr ztvrdnout, ale při zahřívání se roztaví a stane se z něj hladká tekutina.
c) Průběžně míchejte, aby nevznikly hrudky. Když směs houstne, přidejte nasekané kešu ořechy (2 lžíce), máslo (1 lžíce), mletý kardamom (1/4 lžičky), růžovou vodu (2 špetky) a šafránové nitě (1 špetka).
d) Nechte směs zhoustnout, dokud nezačne opouštět stěny pánve.
e) Vypněte plamen. Halwa nemusí ztuhnout hned, ale chladnutím zhoustne.

67.Mushaltat

SLOŽENÍ:
NA TĚSTO:
- 4 šálky univerzální mouky
- 1 lžička soli
- 1 lžíce cukru
- 1 lžička prášku do pečiva
- 1 šálek teplé vody
- 1/2 šálku mléka
- 2 lžíce ghí, rozpuštěné

K NÁPLNĚ:
- 2 šálky bílého sýra (jako Akkawi nebo Halloumi), nastrouhaného
- 1 šálek čerstvé petrželky, nasekané
- 1/2 šálku zelené cibule, nakrájené
- 1/2 šálku čerstvého koriandru, nasekaného
- 1/2 šálku čerstvé máty, nasekané
- 1/2 šálku sýra Feta, rozdrobený
- 1 lžička černých sezamových semínek (volitelně, na ozdobu)

PRO KARTÁČOVÁNÍ:
- 2 lžíce ghí, rozpuštěné

INSTRUKCE:
PŘIPRAVTE TĚSTO:
a) Ve velké míse smíchejte univerzální mouku, sůl, cukr a prášek do pečiva.
b) K suchým ingrediencím postupně přidávejte teplou vodu a mléko za stálého míchání.
c) Těsto hněteme, dokud nebude hladké a elastické.
d) Nalijte rozpuštěné ghí na těsto a pokračujte v hnětení, dokud se dobře nezapracuje.
e) Těsto přikryjeme vlhkou utěrkou a necháme asi 1 hodinu odpočívat.

PŘIPRAVTE NÁPLŇ:
f) V samostatné misce smíchejte nastrouhaný bílý sýr, čerstvou petrželku, zelenou cibulku, koriandr, mátu a rozdrobenou fetu.

SESTAVTE MUSHALTAT:
g) Předehřejte troubu na 200 °C (392 °F).

h) Odpočinuté těsto rozdělte na malé porce. Každou část srolujte do koule.
i) Na pomoučené ploše vyválejte kouli těsta na tenký kruh.
j) Na polovinu kruhu těsta dejte větší množství sýrové a bylinkové náplně.
k) Druhou polovinu těsta přehneme přes náplň tak, aby vznikl půlkruhový tvar. Okraje přitiskněte k sobě.
l) Položte sestavený Mushaltat na plech.

UPÉCT:
m) Vršek každého Mushaltatu potřete rozpuštěným ghí.
n) Případně posypte navrch černým sezamem na ozdobu.
o) Pečeme v předehřáté troubě asi 15-20 minut nebo do zlatova.
p) Po upečení nechte mušaltat před podáváním mírně vychladnout.
q) Podávejte teplé a vychutnejte si nádherné chutě Mushaltat!

68. Rande dort

SLOŽENÍ:
- 2 hrnky univerzální mouky
- 1 šálek másla, změkl
- 1 hrnek cukru
- 4 vejce
- 1 šálek datlové pasty
- 1 lžička mletého kardamomu
- 1 lžička prášku do pečiva
- 1/2 šálku nasekaných ořechů (vlašské ořechy nebo mandle)

INSTRUKCE:
a) Předehřejte troubu na 350 °F (175 °C). Vymažte a vysypte dortovou formu.
b) V míse ušlehejte máslo a cukr, dokud nebude světlá a nadýchaná.
c) Přidávejte vejce jedno po druhém a po každém přidání dobře prošlehejte.
d) Smíchejte datlovou pastu, mletý kardamom a nasekané ořechy.
e) Prosejeme mouku s práškem do pečiva, postupně přidáme do těsta a mícháme, dokud se dobře nespojí.
f) Těsto nalijeme do připravené dortové formy.
g) Pečte asi 40–45 minut, nebo dokud párátko zapíchnuté do středu nevyjde čisté.
h) Před krájením nechte koláč vychladnout.

69. Pudink Qamar al-Din

SLOŽENÍ:
- 1 šálek pasty ze sušených meruněk (Qamar al-Din)
- 4 šálky vody
- 1/2 hrnku cukru (upravte podle chuti)
- 1/4 šálku kukuřičného škrobu
- 1 lžička vody z pomerančových květů (volitelně)
- Nasekané ořechy na ozdobu

INSTRUKCE:
a) V hrnci rozpusťte meruňkovou pastu ve vodě na středním plameni.
b) Přidejte cukr a míchejte, dokud se nerozpustí.
c) V samostatné misce smíchejte kukuřičný škrob s malým množstvím vody, abyste vytvořili hladkou pastu.
d) Do meruňkové směsi postupně přidávejte pastu z kukuřičného škrobu a za stálého míchání míchejte, dokud nezhoustne.
e) Pokud používáte, odstraňte z tepla a vmíchejte vodu z pomerančových květů.
f) Směs nalijte do servírovacích misek a nechte vychladnout.
g) Nechte vychladit, dokud neztuhne.
h) Před podáváním ozdobte nasekanými ořechy.

70.Kardamomový rýžový pudink

SLOŽENÍ:
- 1 šálek basmati rýže
- 4 šálky mléka
- 1 hrnek cukru
- 1 lžička mletého kardamomu
- 1/2 šálku rozinek
- Nakrájené mandle na ozdobu

INSTRUKCE:
a) Rýži basmati propláchněte a vařte, dokud nebude téměř hotová.
b) V samostatném hrnci zahřejte mléko a cukr na střední teplotu a míchejte, dokud se cukr nerozpustí.
c) Částečně uvařenou rýži přidejte do mléčné směsi.
d) Vmícháme mletý kardamom a přidáme rozinky.
e) Vařte na mírném ohni, dokud není rýže zcela uvařená a směs zhoustne.
f) Odstraňte z ohně a nechte vychladnout.
g) Dejte do lednice do vychladnutí.
h) Před podáváním ozdobte nasekanými mandlemi.

71. Luqaimat (sladké knedlíky)

SLOŽENÍ:
- 2 hrnky univerzální mouky
- 1 lžíce cukru
- 1 lžička droždí
- 1 šálek teplé vody
- Olej na smažení
- Sezamová semínka a med na ozdobu

INSTRUKCE:
a) V míse smícháme mouku, cukr, droždí a teplou vodu, aby vzniklo hladké těsto. Necháme asi 1-2 hodiny kynout.
b) V hluboké pánvi rozehřejte olej.
c) Lžící vhazujte malé porce těsta do rozpáleného oleje, abyste vytvořili malé knedlíčky.
d) Smažíme do zlatohněda.
e) Vyjmeme z oleje a necháme okapat na papírové utěrce.
f) Před podáváním pokapejte medem a posypte sezamovými semínky.

72.Růžové sušenky (Qurabiya)

SLOŽENÍ:
- 2 šálky krupice
- 1 šálek ghí, rozpuštěné
- 1 hrnek moučkového cukru
- 1 lžička růžové vody
- Nakrájené pistácie na ozdobu

INSTRUKCE:
a) V míse smíchejte krupici, rozpuštěné ghí, moučkový cukr a růžovou vodu a vytvořte těsto.
b) Z těsta tvarujte malé sušenky.
c) Sušenky položte na plech.
d) Pečte v předehřáté troubě na 175 °C asi 15–20 minut nebo dozlatova.
e) Ozdobte nasekanými pistáciemi a před podáváním je nechte vychladnout.

73.Dort s banánem a datlí

SLOŽENÍ:
- 1 plát hotového listového těsta
- 3 zralé banány, nakrájené na plátky
- 1 šálek datlí, vypeckovaných a nakrájených
- 1/2 šálku medu
- Nasekané ořechy na ozdobu

INSTRUKCE:
a) Vyválejte plát listového těsta a vložte jej do formy na koláč.
b) Na těsto naaranžujte nakrájené banány a nakrájené datle.
c) Ovoce pokapeme medem.
d) Pečte v předehřáté troubě na 375 °F (190 °C) asi 20–25 minut nebo dokud těsto nezezlátne.
e) Před podáváním ozdobte nasekanými ořechy.

74.Šafránová zmrzlina

SLOŽENÍ:
- 2 šálky husté smetany
- 1 šálek kondenzovaného mléka
- 1/2 šálku cukru
- 1 lžička šafránových vláken namočených v teplé vodě
- Nakrájené pistácie na ozdobu

INSTRUKCE:
a) V míse ušlehejte hustou smetanu, dokud se nevytvoří tuhé špičky.
b) V samostatné misce smíchejte kondenzované mléko, cukr a vodu s šafránem.
c) Směs kondenzovaného mléka opatrně vmíchejte do šlehačky.
d) Směs přendejte do nádoby a zmrazte alespoň na 4 hodiny.
e) Před podáváním ozdobte nasekanými pistáciemi.

75.Smetanový karamel (Muhallabia)

SLOŽENÍ:
- 1/2 šálku rýžové mouky
- 4 šálky mléka
- 1 hrnek cukru
- 1 lžička růžové vody
- 1 lžička vody z pomerančových květů
- Nakrájené pistácie na ozdobu

INSTRUKCE:
a) V hrnci rozpusťte rýžovou mouku v malém množství mléka, abyste vytvořili hladkou pastu.
b) V samostatném hrnci zahřejte zbývající mléko a cukr na středním plameni.
c) K mléčné směsi přidejte pastu z rýžové mouky, za stálého míchání, dokud směs nezhoustne.
d) Sundejte z ohně a vmíchejte růžovou vodu a vodu z pomerančových květů.
e) Směs nalijte do servírovacích misek a nechte vychladnout.
f) Nechte vychladit, dokud neztuhne.
g) Před podáváním ozdobte nasekanými pistáciemi.

76.Mamoul s datlemi

SLOŽENÍ:
NA TĚSTO:
- 3 šálky krupice
- 1 hrnek univerzální mouky
- 1 šálek nesoleného másla, rozpuštěného
- 1/2 šálku krystalového cukru
- 1/4 šálku růžové vody nebo vody z pomerančových květů
- 1/4 šálku mléka
- 1 lžička prášku do pečiva

PRO VYPLNĚNÍ TERMÍNU:
- 2 šálky vypeckovaných datlí, nakrájených
- 1/2 šálku vody
- 1 lžíce másla
- 1 lžička mleté skořice

PRO OPRACHOVÁNÍ (VOLITELNÉ):
- Moučkový cukr na posypání

INSTRUKCE:
DATUM VYPLNĚNÍ:
a) V hrnci smíchejte nakrájené datle, vodu, máslo a mletou skořici.
b) Vařte na středním plameni za stálého míchání, dokud datle nezměknou a směs nezhoustne do pastovité konzistence.
c) Odstraňte z ohně a nechte vychladnout.

MAMOUL TĚSTO:
d) Ve velké míse smíchejte krupici, univerzální mouku a prášek do pečiva.
e) Do moučné směsi přidejte rozpuštěné máslo a dobře promíchejte.
f) V samostatné misce smíchejte cukr, růžovou vodu (nebo vodu z pomerančových květů) a mléko. Míchejte, dokud se cukr nerozpustí.
g) Tekutou směs přidáme k moučné směsi a hněteme, dokud nevznikne hladké těsto. Pokud je těsto příliš drobivé, můžete přidat ještě trochu rozpuštěného másla nebo mléka.
h) Těsto přikryjeme a necháme asi 30 minut až hodinu odpočívat.
i) **SESTAVOVÁNÍ MAMOUL COOKIES:**
j) Předehřejte troubu na 350 °F (175 °C).

k) Odeberte malou část těsta a vytvarujte z něj kouli. Zploštěte kouli do dlaně a doprostřed dejte malé množství datlové náplně.
l) Náplň přibalte k těstu a vytvarujte z něj hladkou kouli nebo kopuli. Na ozdobu můžete použít formičky Mamoul, pokud je máte.
m) Naplněné sušenky dejte na plech vyložený pečicím papírem.
n) Pečte 15–20 minut, nebo dokud nebudou spodky zlatavě hnědé. Vršky nemusí příliš měnit barvu.
o) Sušenky nechte několik minut vychladnout na plechu, než je přenesete na mřížku, aby úplně vychladly.

VOLITELNÉ OPRACHOVÁNÍ:
p) Jakmile jsou sušenky Mamoul úplně vychladlé, můžete je poprášit moučkovým cukrem.

77.syrská Namora

SLOŽENÍ:
- 200 g másla (rozpuštěné)
- 225 g cukru
- 3 šálky (500 g) jogurtu
- 3 šálky (600 g) krupice (2,5 šálku hrubé krupice a 0,5 šálku jemné krupice)
- 3 lžíce kokosu (jemně sušeného)
- 2 lžičky prášku do pečiva
- 1 polévková lžíce růžové vody nebo sirupu z pomerančových květů

INSTRUKCE:
CUKROVÝ SIRUP:
a) V hrnci smíchejte 1 šálek cukru, ½ šálku vody a 1 lžičku citronové šťávy.
b) Směs vařte 5 až 7 minut na středním plameni a poté nechte vychladnout.

NAMORA:
c) Smíchejte rozpuštěné máslo a cukr, šlehejte, dokud se dobře nespojí.
d) Ke směsi přidejte jogurt a znovu šlehejte, dokud se zcela nespojí.
e) Vmíchejte hrubou i jemnou krupici, prášek do pečiva, kokos a růžovou vodu. Míchejte, dokud nezískáte hladké těsto.
f) Těsto nalijte do formiček na košíčky. Košíčky případně ozdobte mandlovými lupínky.
g) Těsto pečte v předehřáté troubě na 180 stupňů Celsia 15 až 20 minut nebo do zlatova.
h) Zatímco jsou košíčky v troubě, připravte si cukrový sirup.
i) Jakmile jsou košíčky upečené, ještě teplé je polijte cukrovým sirupem. Díky tomu budou vlhké a voňavé.

78. Brownies syrské datle

SLOŽENÍ:

PRO VLOŽENÍ DATA:
- 2 šálky vypeckovaných datlí, nejlépe Medjool
- 1/2 šálku vody
- 1 lžička citronové šťávy

NA BROWNIE BATTER:
- 1/2 šálku nesoleného másla, rozpuštěného
- 1 šálek krystalového cukru
- 2 velká vejce
- 1 lžička vanilkového extraktu
- 1/2 šálku univerzální mouky
- 1/3 šálku neslazeného kakaového prášku
- 1/4 lžičky prášku do pečiva
- 1/4 lžičky soli
- 1/2 šálku nasekaných ořechů (vlašské ořechy nebo mandle), volitelné

INSTRUKCE:

VLOŽENÍ DATA:
a) V malém hrnci smíchejte vypeckované datle a vodu.
b) Přiveďte k varu na středním plameni a vařte asi 5–7 minut nebo dokud datle nezměknou.
c) Odstraňte z ohně a nechte mírně vychladnout.
d) Změklé datle přendejte do kuchyňského robotu, přidejte citronovou šťávu a mixujte, dokud nezískáte hladkou pastu. Dát stranou.

BROWNIE BATTER:
e) Předehřejte troubu na 350 °F (175 °C). Pekáč vymažte tukem a vyložte pečicím papírem.
f) Ve velké míse šlehejte dohromady rozpuštěné máslo a cukr, dokud se dobře nespojí.
g) Přidávejte vejce jedno po druhém a po každém přidání dobře prošlehejte. Vmícháme vanilkový extrakt.
h) V samostatné míse prosejeme mouku, kakaový prášek, prášek do pečiva a sůl.
i) Postupně přidávejte suché ingredience k mokrým a míchejte, dokud se nespojí.

j) Vmíchejte datlovou pastu a nasekané ořechy (pokud je používáte) do těsta na sušenky, dokud nejsou rovnoměrně rozprostřeny.
k) Těsto nalijte do připraveného pekáče a rovnoměrně rozetřete.
l) Pečte v předehřáté troubě 25–30 minut nebo dokud párátko zapíchnuté do středu nevyjde s několika vlhkými strouhankami.
m) Brownies nechte na pánvi úplně vychladnout, než je nakrájejte na čtverečky.
n) Volitelně: Vychladlé brownies na ozdobu popráším kakaovým práškem nebo moučkovým cukrem.

79. Baklava

SLOŽENÍ:
- 1 balení fylo těsta
- 1 šálek nesoleného másla, rozpuštěného
- 2 šálky rozmixovaných ořechů (vlašské ořechy, pistácie), jemně nasekaných
- 1 šálek krystalového cukru
- 1 lžička mleté skořice
- 1 šálek medu
- 1/4 šálku vody
- 1 lžička růžové vody (volitelně)

INSTRUKCE:
a) Předehřejte troubu na 350 °F (175 °C).
b) V míse smícháme nasekané ořechy s cukrem a skořicí.
c) Do vymaštěného pekáče dejte plát fylového těsta, potřete rozpuštěným máslem a opakujte asi v 10 vrstvách.
d) Filo posypeme vrstvou ořechové směsi.
e) Pokračujte ve vrstvení phyllo a ořechů, dokud vám nedojdou ingredience, a dokončete horní vrstvou phyllo.
f) Ostrým nožem nakrájejte baklavu na kosočtvercové nebo čtvercové tvary.
g) Pečte 45–50 minut nebo dozlatova.
h) Zatímco se baklava peče, zahřejte med, vodu a růžovou vodu (pokud ji používáte) v hrnci na mírném ohni.
i) Jakmile je baklava hotová, ihned ji zalijte horkou medovou směsí.
j) Před podáváním nechte baklavu vychladnout.

80.Halawet el Jibn (syrské sladké sýrové rolky)

SLOŽENÍ:
- 1 šálek sýra ricotta
- 1 šálek krupice
- 1/2 šálku cukru
- 1/4 šálku nesoleného másla
- 1 šálek mléka
- 1 lžíce vody z pomerančových květů
- Blanšírované mandle na ozdobu
- Strouhané phyllo těsto na válení

INSTRUKCE:
a) V hrnci smíchejte sýr ricotta, krupici, cukr, máslo a mléko.
b) Vařte na středním plameni za stálého míchání, dokud směs nezhoustne.
c) Sundejte z ohně a vmíchejte vodu z pomerančových květů.
d) Směs necháme vychladnout.
e) Odebírejte malé porce směsi a zabalte je do nastrouhaného filového těsta a vytvořte malé válečky.
f) Ozdobte blanšírovanými mandlemi.
g) Podávejte tyto sladké sýrové rolky jako lahodný dezert nebo k pomazánce na snídani.

81. Basbousa (krupicový dort)

SLOŽENÍ:
- 1 šálek krupice
- 1 šálek krystalového cukru
- 1 šálek bílého jogurtu
- 1/2 šálku nesoleného másla, rozpuštěného
- 1 lžička prášku do pečiva
- 1/4 šálku sušeného kokosu (volitelně)
- 1/4 šálku blanšírovaných mandlí nebo piniových oříšků na ozdobu
- Sirup:
- 1 šálek krystalového cukru
- 1/2 šálku vody
- 1 lžíce růžové vody
- 1 lžíce vody z pomerančových květů

INSTRUKCE:
a) Předehřejte troubu na 350 °F (175 °C).
b) V misce smíchejte krupici, cukr, jogurt, rozpuštěné máslo, prášek do pečiva a sušený kokos, dokud se dobře nespojí.
c) Těsto nalijeme do vymazaného pekáče.
d) Povrch uhladíme stěrkou a nakrájíme do kosočtverečných tvarů.
e) Do středu každého diamantu umístěte mandlový nebo piniový oříšek.
f) Pečte 30–35 minut nebo dozlatova.
g) Zatímco se koláč peče, připravte sirup vařením cukru a vody, dokud se cukr nerozpustí.
h) Odstraňte z ohně a přidejte růžovou vodu a vodu z pomerančových květů.
i) Jakmile je koláč hotový, ještě teplý jej polijte sirupem.
j) Před podáváním nechte basbousu absorbovat sirup.

82. Znoud El Sit (syrské pečivo plněné smetanou)

SLOŽENÍ:
- 10 plátů fylo těsta
- 1 šálek husté smetany
- 1/4 šálku krystalového cukru
- 1 lžička růžové vody
- Rostlinný olej na smažení
- Jednoduchý sirup (1 hrnek cukru, 1/2 hrnku vody, 1 lžička citronové šťávy, vařený do sirupu)

INSTRUKCE:
a) V míse ušlehejte hustou smetanu s cukrem a růžovou vodou, dokud se nevytvoří tuhé vrcholy.
b) Plátky phyllo nakrájejte na obdélníky (asi 4 x 8 palců).
c) Umístěte lžíci šlehačky na jeden konec každého obdélníku.
d) Boky přeložte přes krém a srolujte jako doutník.
e) V hluboké pánvi rozehřejte rostlinný olej a smažte pečivo do zlatova.
f) Usmažené pečivo namáčíme v připraveném jednoduchém sirupu.
g) Před podáváním nechte znoud el sit vychladnout.

83. Mafroukeh (krupicový a mandlový dezert)

SLOŽENÍ:
- 2 šálky krupice
- 1 šálek nesoleného másla
- 1 šálek krystalového cukru
- 1 šálek plnotučného mléka
- 1 šálek blanšírovaných mandlí, opečených a nasekaných
- Jednoduchý sirup (1 hrnek cukru, 1/2 hrnku vody, 1 lžička vody z pomerančových květů, vařená do sirupu)

INSTRUKCE:
a) Na pánvi rozpustíme máslo a přidáme krupici. Průběžně mícháme do zlatohněda.
b) Přidejte cukr a pokračujte v míchání, dokud se dobře nespojí.
c) Za stálého míchání pomalu přilévejte mléko, aby nevznikly hrudky. Vaříme, dokud směs nezhoustne.
d) Sundejte z ohně a vmíchejte opražené a nasekané mandle.
e) Směs natlačíme do servírovací misky a necháme vychladnout.
f) Nakrájejte na kosočtverečné tvary a mafroukeh zalijte připraveným jednoduchým sirupem.
g) Před podáváním nechte sirup vstřebat.

84. Červená paprika a pečené vejce Galettes

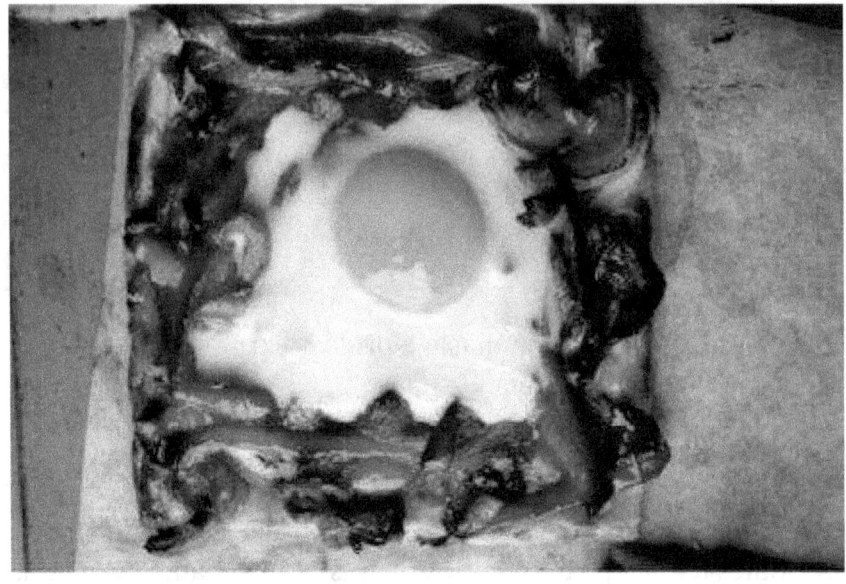

SLOŽENÍ:

- 4 střední červené papriky, rozpůlené, zbavené semínek a nakrájené na proužky ⅜ palce / 1 cm široké
- 3 malé cibule, rozpůlené a nakrájené na klínky ¾ palce / 2 cm široké
- 4 snítky tymiánu, lístky otrhané a nakrájené
- 1½ lžičky mletého koriandru
- 1½ lžičky mletého kmínu
- 6 lžic olivového oleje, plus navíc na závěr
- 1½ lžíce listové petrželové natě, hrubě nasekané
- 1½ lžíce listů koriandru, hrubě nasekaných
- 9 oz / 250 g nejkvalitnějšího celomáslového listového těsta
- 2 lžíce / 30 g zakysané smetany
- 4 velká vejce z volného chovu (nebo 5½ unce / 160 g sýra feta, rozdrobený), plus 1 vejce, lehce rozšlehané
- sůl a čerstvě mletý černý pepř

INSTRUKCE:
a) Předehřejte troubu na 400 °F / 210 °C. Ve velké míse smíchejte papriky, cibuli, lístky tymiánu, mleté koření, olivový olej a špetku soli. Rozložte na pekáč a opékejte 35 minut, během vaření několikrát promíchejte. Zelenina by měla být měkká a sladká, ale ne příliš křupavá nebo hnědá, protože se bude dále vařit. Vyndejte z trouby a vmíchejte polovinu čerstvých bylinek. Ochutnejte kořením a dejte stranou. Zapněte troubu na 425 °F / 220 °C.
b) Na lehce pomoučeném povrchu rozválejte listové těsto na čtverec o velikosti 12 palců / 30 cm asi ⅛ palce / 3 mm silný a nakrájejte na čtyři čtverce o velikosti 6 palců / 15 cm. Čtverce po celém povrchu propíchejte vidličkou a pokládejte je, dobře rozmístěné, na plech vyložený pečicím papírem. Nechte alespoň 30 minut odpočinout v lednici.
c) Těsto vyndáme z lednice a potřeme vrch i boky rozšlehaným vejcem. Pomocí odsazené špachtle nebo zadní strany lžíce rozetřete 1½ lžičky zakysané smetany na každý čtverec, přičemž po okrajích ponechejte okraj 0,5 cm. Na čtverečky přelité zakysanou smetanou položte 3 polévkové lžíce pepřové směsi, okraje nechte volně kynout. Mělo by být rozetřeno poměrně rovnoměrně, ale uprostřed ponechte mělkou jamku, do které se později vejde vejce.
d) Galettes pečte 14 minut. Vyjměte plech z trouby a do důlku uprostřed každého těsta opatrně rozklepněte celé vejce. Vraťte do trouby a pečte dalších 7 minut, dokud vejce neztuhnou. Posypeme černým pepřem a zbylými bylinkami a zakápneme olejem. Podávejte najednou.

85. Bylinkový koláč

SLOŽENÍ:
- 2 lžíce olivového oleje, plus navíc na potažení těsta
- 1 velká cibule, nakrájená na kostičky
- 1 lb / 500 g mangold, stonky a listy jemně nasekané, ale uchovávané odděleně
- 5 uncí / 150 g celeru, nakrájeného na tenké plátky
- 1¾ oz / 50 g zelené cibule, nakrájené
- 1¾ unce / 50 g rukoly
- 1 unce / 30 g plocholisté petrželky, nasekané
- 1 oz / 30 g máty, nasekané
- ¾ oz / 20 g kopru, nasekaný
- 4 oz / 120 g sýra anari nebo ricotta, rozdrobený
- 3½ unce / 100 g zrajícího sýra Cheddar, strouhaného
- 2 oz / 60 g sýra feta, rozdrobený
- nastrouhaná kůra z 1 citronu
- 2 velká vejce z volného výběhu
- ⅓ lžičky soli
- ½ lžičky čerstvě mletého černého pepře
- ½ lžičky superjemného cukru
- 9 oz / 250 g filo těsta

INSTRUKCE:
a) Předehřejte troubu na 400 °F / 200 °C. Nalijte olivový olej do velké hluboké pánve na středním plameni. Přidejte cibuli a restujte 8 minut bez zhnědnutí. Přidejte stonky mangoldu a celer a pokračujte ve vaření po dobu 4 minut za občasného míchání. Přidejte listy mangoldu, zvyšte teplotu na středně vysokou a 4 minuty míchejte, dokud listy nezvadnou. Přidejte zelenou cibulku, rukolu a bylinky a vařte další 2 minuty. Sundejte z plotny a přendejte do cedníku vychladnout.

b) Jakmile směs vychladne, vymačkejte z ní co nejvíce vody a přendejte do mixovací nádoby. Přidejte tři sýry, citronovou kůru, vejce, sůl, pepř a cukr a dobře promíchejte.

c) Vyložte plát filo těsta a potřete jej trochou olivového oleje. Přikryjte dalším plátem a pokračujte stejným způsobem, dokud nezískáte 5 vrstev filo potřených olejem, přičemž všechny pokrývají plochu dostatečně velkou na to, aby vyložila boky a spodek 8½palcové / 22 cm formy na koláč, plus další, které můžete viset přes okraj . Koláčovou mísu vyložte pečivem, naplňte směsí bylinek a přebytečné těsto přehněte přes okraj náplně a podle potřeby těsto ořízněte, aby se vytvořil okraj ¾ palce / 2 cm.

d) Vytvořte další sadu 5 vrstev filo potřených olejem a položte je na koláč. Pečivo trochu poškrábejte, aby se vytvořil zvlněný, nerovný vršek a ořízněte okraje tak, aby zakrývalo koláč. Potřete olivovým olejem a pečte 40 minut, dokud se filo nezbarví krásně dozlatova. Vyjměte z trouby a podávejte teplé nebo při pokojové teplotě.

86. Burekas

SLOŽENÍ:
- 1 lb / 500 g nejkvalitnějšího celomáslového listového těsta
- 1 velké vejce z volného chovu, rozšlehané

RICOTTA NÁPLŇ
- ¼ šálku / 60 g tvarohu
- ¼ šálku / 60 g sýra ricotta
- ⅔ šálku / 90 rozdrobeného sýra feta
- 2 lžičky / 10 g nesoleného másla, rozpuštěného

PECORINO NÁPLŇ
- 3½ lžíce / 50 g sýra ricotta
- ⅔ šálku / 70 g strouhaného vyzrálého sýra pecorino
- ⅓ šálku / 50 g strouhaného zrajícího sýra Cheddar
- 1 pórek, nakrájený na 2-palcové / 5 cm segmenty, blanšírovaný do měkka a jemně nasekaný (¾ šálku / 80 g celkem)
- 1 lžíce nasekané ploché petrželky
- ½ lžičky čerstvě mletého černého pepře

SEMENA
- 1 lžička semínek nigely
- 1 lžička sezamových semínek
- 1 lžička žlutého hořčičného semínka
- 1 lžička kmínu
- ½ lžičky chilských vloček

INSTRUKCE:
a) Těsto rozválejte na dva čtverce o velikosti 12 palců / 30 cm, každý o tloušťce ⅛ palce / 3 mm. Plátky těsta položte na plech vyložený pečicím papírem – mohou ležet na sobě, mezi nimiž je list pergamenu – a nechte 1 hodinu v lednici.

b) Každou sadu ingrediencí dejte do samostatné misky. Promícháme a dáme stranou. Všechna semínka smícháme v míse a dáme stranou.

c) Nakrájejte každý plát pečiva na čtverce o velikosti 4 palce / 10 cm; měli byste získat celkem 18 čtverců. První náplň rozdělte rovnoměrně do poloviny čtverců a nanášejte ji do středu každého čtverce. Dva sousedící okraje každého čtverce potřete vajíčkem a pak čtverec přeložte napůl tak, aby vznikl trojúhelník. Vytlačte veškerý vzduch a pevně přitiskněte strany k sobě. Okraje chcete velmi dobře přitlačit, aby se během vaření neotevřely. Opakujte se zbývajícími čtverečky pečiva a druhou náplní. Dáme na plech vyložený pečicím papírem a necháme alespoň 15 minut v lednici ztuhnout. Předehřejte troubu na 425 °F / 220 °C.

d) Potřete dva krátké okraje každého těsta vejcem a ponořte tyto okraje do směsi semínek; stačí malé množství semínek, jen ⅙ palce / 2 mm široká, protože jsou zcela dominantní. Vršek každého těsta potřete také trochou vajíčka, vyhněte se semínkům.

e) Ujistěte se, že pečivo je od sebe vzdáleno asi 1¼ palce / 3 cm. Pečte 15 až 17 minut, dokud není celá dozlatova. Podávejte teplé nebo při pokojové teplotě. Pokud část náplně během pečení z pečiva vyteče, jen ji opatrně naplňte zpět, až bude dostatečně vychladlá, aby se dala zvládnout.

87. Ghraybeh

SLOŽENÍ:

- ¾ šálku plus 2 polévkové lžíce / 200 g ghí nebo přepuštěného másla z lednice, aby bylo tuhé
- ⅔ šálku / 70 g cukrářského cukru
- 3 šálky / 370 g víceúčelové mouky, prosáté
- ½ lžičky soli
- 4 lžíce vody z pomerančových květů
- 2½ lžičky růžové vody
- asi 5 lžic / 30 g nesolených pistácií

INSTRUKCE:

a) Ve stojanovém mixéru s nástavcem na šlehání šleháme ghí a cukrářský cukr po dobu 5 minut, dokud nebude nadýchané, krémové a světlé. Vyměňte metlu za šlehač, přidejte mouku, sůl, pomerančové květy a růžovou vodu a míchejte dobré 3 až 4 minuty, dokud nevznikne jednotné hladké těsto.
b) Těsto zabalte do plastové fólie a nechte 1 hodinu chladit.
c) Předehřejte troubu na 350 °F / 180 °C. Udělejte kousek těsta o hmotnosti asi ½ unce / 15 g a mezi dlaněmi z něj udělejte kouli. Lehce zploštíme a dáme na plech vyložený pečicím papírem. Opakujte se zbytkem těsta, sušenky rozložte na vyložené plechy a rozmístěte je dostatečně od sebe. Do středu každé sušenky vmáčkněte 1 pistácii.
d) Pečte 17 minut, ujistěte se, že sušenky nechytají žádnou barvu, ale pouze se propečou. Vyndejte z trouby a nechte zcela vychladnout.
e) Sušenky skladujte ve vzduchotěsné nádobě až 5 dní.

88. Mutabbaq

SLOŽENÍ:
- ⅔ šálku / 130 g nesoleného másla, rozpuštěného
- 14 listů filo těsta, 12 x 15 ½ palce / 31 x 39 cm
- 2 šálky / 500 g sýra ricotta
- 9 uncí / 250 g měkkého sýra z kozího mléka
- drcené nesolené pistácie, na ozdobu (volitelně)
- SIRUP
- 6 lžic / 90 ml vody
- zaoblené 1⅓ šálku / 280 g superjemného cukru
- 3 lžíce čerstvě vymačkané citronové šťávy

INSTRUKCE:
a) Zahřejte troubu na 450 °F / 230 °C. Plech s mělkým okrajem o rozměrech 28 x 37 cm potřete rozpuštěným máslem. Nahoře rozprostřete fólii, zastrčte ji do rohů a nechte okraje přečnívat. Celé potřeme máslem, navrch dáme další plát a znovu potřeme máslem. Postup opakujte, dokud nebudete mít 7 plátů rovnoměrně naskládaných, každý potřený máslem.

b) Do mísy dejte ricottu a sýr z kozího mléka a rozmačkejte vidličkou a dobře promíchejte. Rozprostřete na horní fólii a ponechejte ¾ palce / 2 cm kolem okraje. Povrch sýra potřete máslem a navrch položte zbývajících 7 plátků filo, každý postupně potřete máslem.

c) Nůžkami odstřihněte asi ¾ palce / 2 cm od okraje, ale aniž byste se dostali k sýru, aby zůstal dobře uzavřený v těstě. Pomocí prstů jemně zasuňte okraje filo pod pečivo, abyste dosáhli úhledného okraje. Celé potřeme dalším máslem. Ostrým nožem nakrájejte povrch na zhruba 2¾ palce / 7 cm čtverce, aby nůž dosáhl téměř na dno, ale ne úplně. Pečte 25 až 27 minut, dokud nezezlátnou a nebudou křupavé.

d) Zatímco se pečivo peče, připravte si sirup. Vodu a cukr dejte do malého hrnce a dobře promíchejte vařečkou. Umístěte na střední teplotu, přiveďte k varu, přidejte citronovou šťávu a 2 minuty vařte doměkka. Sundejte z plotny.

e) Sirup pomalu nalijte na pečivo, jakmile jej vytáhnete z trouby, a ujistěte se, že se rovnoměrně vsákne. Nechte 10 minut vychladnout. Posypte drcenými pistáciemi, pokud používáte, a nakrájejte na porce.

89. Šerbat

SLOŽENÍ:
- 1 litr mléka
- 1 šálek cukru
- 1/2 šálku smetany
- Pár kapek Vanilla Essence
- 1 lžička nakrájených mandlí
- 1 lžička nakrájených pistácií
- 1 lžíce vanilkového pudinku
- 1 špetka šafránu

INSTRUKCE:
a) V hrnci uvaříme mléko.
b) Do vroucího mléka přidejte cukr, smetanu, vanilkovou esenci, vanilkový pudink, šafrán, plátky mandlí a nakrájené pistácie.
c) Směs vařte na mírném plameni, dokud mléko nezhoustne. Průběžně míchejte, aby se nepřilepily ke dnu.
d) Sundejte hrnec z plamene a nechte šerbat vychladnout na pokojovou teplotu.
e) Po vychladnutí dejte směs do lednice pořádně vychladit.
f) Sherbat je nyní připraven k podávání.
g) Vychlazený šerbat nalijte do sklenic a podle potřeby ozdobte dalšími plátky mandlí a pistácií.

NÁPOJE

90.Kašmír Kahwa

SLOŽENÍ:
- 4 šálky vody
- 4-5 zelených lusků kardamomu, rozdrcených
- 4-5 celých hřebíčků
- 1 tyčinka skořice
- 1 lžička jemně nastrouhaného čerstvého zázvoru
- 2 lžíce lístků zeleného čaje
- Špetka šafránových vláken
- 4-5 mandlí, blanšírovaných a nakrájených na plátky
- 4-5 pistácií, nakrájených
- Med nebo cukr podle chuti

INSTRUKCE:
a) V hrnci přiveďte k varu 4 hrnky vody.
b) Do vroucí vody přidejte lusky zeleného kardamomu, celý hřebíček, tyčinku skořice a najemno nastrouhaný čerstvý zázvor.
c) Nechte koření 5–7 minut povařit, aby se jeho chuť vyluhovala do vody.
d) Snižte teplotu na minimum a do okořeněné vody přidejte lístky zeleného čaje.
e) Nechte čaj louhovat asi 2-3 minuty. Dávejte pozor, abyste nebyli příliš strmí, abyste se vyhnuli hořkosti.
f) Přidejte do čaje špetku šafránových vláken, což mu umožní dodat jeho zářivou barvu a jemnou chuť.
g) Vmícháme blanšírované a nakrájené mandle a také nasekané pistácie.
h) Oslaďte Kashmiri Kahwa medem nebo cukrem podle vašich preferencí. Dobře promíchejte, aby se rozpustily.
i) Kashmiri Kahwa přeceďte do šálků nebo malých misek, abyste odstranili čajové lístky a celé koření.
j) Čaj podávejte horký a podle potřeby ozdobte dalšími ořechy.

91.Mátová limonáda (Limon w Nana)

SLOŽENÍ:
- 4 citrony, odšťavněné
- 1/2 šálku cukru
- 6 šálků vody
- Čerstvé lístky máty
- Ledové kostky

INSTRUKCE:
a) V džbánu smíchejte citronovou šťávu a cukr, dokud se cukr nerozpustí.
b) Přidejte vodu a dobře promíchejte.
c) Rozdrťte pár lístků máty a přidejte je do džbánu.
d) Dejte do lednice alespoň na 1 hodinu.
e) Podávejte na kostkách ledu, ozdobené lístky čerstvé máty.

92.Sahlab

SLOŽENÍ:

- 2 šálky mléka
- 2 lžíce prášku sahlab (mletý kořen orchideje)
- 2 lžíce cukru
- 1/2 lžičky mleté skořice
- Drcené pistácie na ozdobu

INSTRUKCE:

a) V hrnci zahřejte mléko na střední teplotu.
b) V malé misce smíchejte sahlab prášek s trochou studeného mléka, abyste vytvořili hladkou pastu.
c) Do teplého mléka přidejte sahlab pastu a cukr, za stálého míchání, dokud nezhoustne.
d) Odstraňte z ohně a nechte vychladnout.
e) Nalijte do servírovacích pohárků, posypte mletou skořicí a ozdobte drcenými pistáciemi.

93. Tamarindový džus (Tamar Hindi)

SLOŽENÍ:
- 1 šálek tamarindové pasty
- 4 šálky vody
- Cukr (volitelný, podle chuti)
- Ledové kostky
- Lístky máty na ozdobu

INSTRUKCE:
a) Ve džbánu smíchejte tamarindovou pastu s vodou.
b) V případě potřeby oslaďte cukrem.
c) Dobře promíchejte, dokud se tamarindová pasta úplně nerozpustí.
d) Dejte do lednice alespoň na 1 hodinu.
e) Podávejte na kostkách ledu, ozdobené lístky máty.

94. Limonáda z růžové vody

SLOŽENÍ:
- 4 citrony, odšťavněné
- 1/4 šálku cukru (upravte podle chuti)
- 4 šálky studené vody
- 1 lžíce růžové vody
- Ledové kostky
- Čerstvé okvětní lístky růží na ozdobu

INSTRUKCE:
a) Ve džbánu smíchejte čerstvě vymačkanou citronovou šťávu a cukr.
b) Přidejte studenou vodu a míchejte, dokud se cukr nerozpustí.
c) Vmíchejte růžovou vodu.
d) Dejte do lednice alespoň na 1 hodinu.
e) Podávejte na kostkách ledu a ozdobte čerstvými okvětními lístky růží.

95. Šafránové mléko (Haleeb al-Za'fran)

SLOŽENÍ:
- 2 šálky mléka
- 1/4 lžičky šafránových nití namočených v teplé vodě
- 2 lžíce medu (podle chuti)
- Mletá skořice na ozdobu

INSTRUKCE:
a) V hrnci zahřejte mléko, dokud nebude teplé.
b) Přidejte vodu s šafránem a med, dobře promíchejte.
c) Nalijte do servírovacích pohárků.
d) Ozdobte posypem mleté skořice.
e) Podávejte teplé.

96. Mocktail z granátového jablka

SLOŽENÍ:
- 1 šálek šťávy z granátového jablka
- 1/2 šálku pomerančové šťávy
- 1/4 šálku citronové šťávy
- Sodovka
- Cukr (volitelný, podle chuti)
- Ledové kostky
- Plátky pomeranče na ozdobu

INSTRUKCE:
a) Ve džbánu smíchejte šťávu z granátového jablka, pomerančovou šťávu a citronovou šťávu.
b) V případě potřeby oslaďte cukrem.
c) Naplňte sklenice kostkami ledu.
d) Nalijte směs šťávy na led.
e) Nalijte sodovku.
f) Ozdobte plátky pomeranče.

97.Šafránová limonáda

SLOŽENÍ:
- 4 citrony, odšťavněné
- 1/4 lžičky šafránových nití namočených v teplé vodě
- 1/2 hrnku cukru (upravte podle chuti)
- 4 šálky studené vody
- Ledové kostky
- Čerstvé lístky máty na ozdobu

INSTRUKCE:
a) Ve džbánu smíchejte čerstvě vymačkanou citronovou šťávu, vodu s šafránem a cukr.
b) Přidejte studenou vodu a míchejte, dokud se cukr nerozpustí.
c) Dejte do lednice alespoň na 1 hodinu.
d) Podávejte na kostkách ledu a ozdobte lístky čerstvé máty.

98. Skořicový datlový koktejl

SLOŽENÍ:
- 1 šálek datlí, vypeckovaných a nakrájených
- 2 šálky mléka
- 1/2 lžičky mleté skořice
- Med (volitelně, podle chuti)
- Ledové kostky

INSTRUKCE:
a) V mixéru smíchejte nakrájené datle, mléko a mletou skořici.
b) Rozmixujte do hladka.
c) V případě potřeby oslaďte medem.
d) Přidejte kostky ledu a znovu promíchejte.
e) Nalijeme do sklenic a podáváme vychlazené.

99. Kokosový kardamomový koktejl

SLOŽENÍ:
- 1 šálek kokosového mléka
- 1 šálek bílého jogurtu
- 1/2 lžičky mletého kardamomu
- Cukr nebo med (podle chuti)
- Ledové kostky
- Opékané kokosové lupínky na ozdobu

INSTRUKCE:
a) V mixéru smíchejte kokosové mléko, bílý jogurt, mletý kardamom a sladidlo.
b) Míchejte, dokud se dobře nespojí.
c) Přidejte kostky ledu a znovu promíchejte.
d) Nalijeme do sklenic a ozdobíme opraženými kokosovými lupínky.

100.Mátový zelený čaj

SLOŽENÍ:
- 2 sáčky zeleného čaje
- 4 šálky horké vody
- 1/4 šálku čerstvých lístků máty
- Cukr nebo med (podle chuti)
- Ledové kostky
- Plátky citronu na ozdobu

INSTRUKCE:
a) Sáčky zeleného čaje namočte do horké vody asi 3-5 minut.
b) Do horkého čaje přidejte lístky čerstvé máty.
c) Oslaďte cukrem nebo medem a dobře promíchejte.
d) Nechte čaj vychladnout a poté dejte do lednice.
e) Podávejte na kostkách ledu, ozdobené plátky citronu.

ZÁVĚR

Doufáme, že na konci našeho kulinářského zkoumání prostřednictvím „Úplného blízkovýchodního vegetariánství" jste zažili radost a bohatství, které blízkovýchodní vegetariánská kuchyně přináší na stůl. Každý recept na těchto stránkách je svědectvím rozmanitého a podmanivého světa rostlinného stravování v regionu – oslavy odvážných chutí, čerstvých surovin a kulinářských tradic, které trvají staletí.

Ať už jste ochutnali aromatické koření libanonské čočkové polévky, dopřáli si vydatnou dobrotu plněných hroznových listů nebo jste si pochutnali na sladkosti dezertu s pistáciemi, věříme, že těchto 100 receptů rozšířilo vaše patro a přineslo zářivou chuť. esence blízkovýchodní vegetariánské kuchyně do vaší kuchyně.

Zatímco budete pokračovat ve zkoumání světa rostlinného vaření, může vás „Úplný blízkovýchodní vegetarián" inspirovat k experimentování s novými ingrediencemi, oslavování krásy čerstvých produktů a přijímání radosti z zdravých a chutných jídel. Zde je pokračující objevování blízkovýchodních vegetariánských lahůdek a umění pozvednout vaše patro prostřednictvím rostlinné kulinářské dokonalosti!

www.ingramcontent.com/pod-product-compliance
Lightning Source LLC
Chambersburg PA
CBHW071326110526
44591CB00010B/1039